Objectif : survivre

MÉMOIRES

Objectif : survivre

Tommy Dick

Traduction d'Aurélien Bonin

PREMIÈRE ÉDITION

Droits d'auteur © La Fondation Azrieli et autres, 2009

Catalogage avant publication de Bibliothèque et Archives Canada

Dick, Tommy, 1925–1999
          Objectif : survivre / Tommy Dick ; traduction d'Aurélien Bonin.

(La collection Azrieli des mémoires de survivants de l'Holocauste. Deuxième série)
Traduction de : Getting out alive.
Comprend des références bibliographiques et un index.
Publié aussi en version électronique
ISBN 978-1-897470-12-1

1. Dick, Tommy, 1925–1999. 2. Guerre mondiale, 1939–1945 – Récits personnels hongrois. 3. Guerre mondiale, 1939–1945 – Enfants – Hongrie – Biographies. 4. Survivants de l'Holocauste – Canada – Biographies. 5. Canadiens d'origine hongroise – Biographies.

I. Bonin, Aurélien, 1979– II. Fondation Azrieli. III. Titre. IV. Collection : Collection Azrieli des mémoires de survivants de l'Holocauste. Deuxième série.

D804.196.D4314 2009   940.53'18092   C2009-901518-8

Imprimé au Canada. Printed in Canada.

La Collection Azrieli des mémoires de survivants de l'Holocauste

Table des matières

Préface de *Kalman Weiser* xiii

Première partie : L'occupation allemande 1
Deuxième partie : Émigration 33
Épilogue 51

Cartes et photographies 55
Glossaire 63
Index 73

La collection :
Tel qu'ils l'ont écrit...

En racontant leur histoire, les auteurs ont pu se libérer. Pendant de longues années, nous n'en avons pas parlé, même une fois devenus citoyens de sociétés libres. Aujourd'hui, alors qu'enfin nous écrivons sur les expériences qui furent les nôtres durant cette période sombre de l'Histoire, conscients que nos récits seront lus et qu'ils nous survivront, il nous est possible de nous sentir complètement libérés. Ces documents historiques uniques aident à donner un visage aux disparus et permettent au lecteur de mesurer, récit après récit, l'énormité de ce qui est arrivé à 6 millions de Juifs.

David J. Azrieli, C.M., C.Q., MArch
Survivant de l'Holocauste, fondateur de la Fondation Azrieli

Depuis la fin de la Deuxième Guerre mondiale, plus de 30 000 Juifs rescapés de l'Holocauste sont venus s'installer au Canada. Leurs origines, les expériences qu'ils ont vécues, les nouvelles vies qu'ils ont bâties et les familles qu'ils ont fondées font partie intégrante du patrimoine canadien. Le Programme des mémoires de survivants de l'Holocauste a été créé pour rassembler, archiver et publier les témoignages historiques écrits par les déportés juifs établis au Canada. Le programme est animé par la conviction que chaque survivant porte une histoire remarquable à transmettre et que ces récits peuvent contribuer dans une vaste mesure à l'enseignement de la tolérance et du respect de l'autre.

Des millions d'histoires individuelles sont perdues à jamais. En publiant les récits des survivants au sein de la Collection Azrieli des mémoires de survivants de l'Holocauste, le programme s'engage à préserver de l'oubli ceux qui ont péri sous les assauts d'une haine encouragée par l'indifférence et l'apathie générale. Les témoignages personnels de ceux qui ont survécu dans les circonstances les plus improbables sont aussi différents que ceux qui les ont écrits, mais tous démontrent la somme de courage, d'endurance, d'intuition et de chance qu'il a fallu pour faire face et survivre à cette terrible adversité. Ces mémoires rendent aussi hommage aux personnes, amies ou inconnues, qui ont tendu la main au péril de leur vie et qui, par leur bienveillance et leur dignité dans les moments les plus sombres, ont souvent permis aux personnes persécutées de conserver leur foi en la nature humaine et le courage de lutter. Les témoignages des déportés et leur volonté de transmettre ce qui s'est passé aux jeunes générations suscitent l'admiration et servent de leçon.

Le Programme des mémoires de survivants de l'Holocauste rassemble ces témoignages importants et les rend accessibles gratuitement sous format imprimé aux bibliothèques canadiennes, aux organisations œuvrant pour la mémoire de l'Holocauste et aux participants des conférences organisées par la Fondation Azrieli. Une édition électronique de ces livres est disponible sur notre site web, www.azrielifoundation.org.

Le Centre d'études juives Israel & Golda Koschitzky, à l'Université York, a contribué sa compétence professionnelle et ses conseils à la préparation de ces mémoires en vue de leur publication. Les originaux des manuscrits reçus seront conservés aux Archives et collections spéciales Clara Thomas de l'Université York où ils sont disponibles pour consultation.

La Fondation Azrieli tient à faire part de sa reconnaissance à Tamarah Feder, directrice du programme et éditrice-en-chef de 2005 à 2008, pour sa contribution à la mise en place du Programme des mémoires de survivants de l'Holocauste, ainsi que pour son travail sur la première et la deuxième séries d'ouvrages de la collection. Nous remercions également les personnes suivantes pour leur aide précieuse à la production de la présente série : Mary Arvanitakis, Elin Beaumont, François Blanc, Aurélien Bonin, Florence Buathier, Mark Celinscak, Nicolas Côté, Jordana DeBloome, Darrel Dickson (Miracle Press), Andrea Geddes Poole, Sir Martin Gilbert, Esther Goldberg, Mark Goldstein, Elizabeth Lasserre, Lisa Newman, Carson Phillips, Susan Roitman, Judith Samuels, Randall Schnoor, Erica Simmons, Jody Spiegel, Mia Spiro, Erika Tucker et Karen Van Kerkoerle.

Préface

Les mémoires de Tommy Dick, un adolescent audacieux qui cache sa véritable identité pour ne pas être découvert et échappe de peu à la mort, sont un ouvrage captivant à lire. Ce récit, au rythme haletant et chargé de suspense, fait la lumière sur un aspect peu connu de l'Holocauste : la persécution des Juifs « non-juifs » – c'est-à-dire des personnes qui étaient considérées comme juives par les autorités alors qu'elles ne se percevaient pas comme telles.

Né dans la période de l'entre-deux-guerres, Tommy Dick a grandi à Budapest dans une famille juive aisée convertie au christianisme. Bien que tout à fait hongrois de langue et de culture et en dépit de sa situation privilégiée, on lui faisait toujours sentir qu'il était étranger dans son pays natal. Les membres du milieu dans lequel il évoluait souffraient de la même aliénation. Protestant et non circoncis, il restait tout de même conscient de son ascendance juive. Même s'il ne connaissait que peu la culture juive, l'exclusion sociale que lui infligeait la société non-juive se chargeait de lui rappeler ses origines. Cette conscience était renforcée par le fait qu'il avait grandi entouré de ses semblables – des personnes ethniquement juives mais qui étaient soit officiellement chrétiennes, soit indifférentes à la religion et à la culture juives.

En 1867, la Hongrie a acquis plus d'autonomie au sein de l'Autriche-Hongrie et ses Juifs ont obtenu l'égalité des droits et la

nationalité hongroise. Depuis lors, ils se sont identifiés avec enthou-
siasme à la culture et au nationalisme hongrois au sein de cet empire multiethnique. Le magyar est devenu leur langue maternelle. Ils
l'appréciaient et elle est généralement venue remplacer l'allemand ou
le yiddish – la langue de la plupart des Juifs d'Europe de l'Est – et leur
a permis de se forger une identité distincte de celle des Juifs qui habitaient les pays voisins. La magyarisation des Juifs était bien acceptée
et encouragée par la haute bourgeoisie qui formait l'élite politique
hongroise. Bannis depuis des générations de la plupart des guildes et
des professions libérales, les Juifs européens étaient, au fil des siècles,
devenus experts dans le commerce de l'argent, les affaires et, enfin, la
finance. La haute bourgeoisie reconnaissait de ce fait le rôle des Juifs
dans l'émergence d'une économie capitaliste moderne par le soutien qu'ils avaient apporté à l'industrie et parce qu'ils avaient permis
l'ouverture d'institutions commerciales et financières. Elle appréciait
aussi le fait que les Juifs contribuent à propager la langue et la culture
magyares dans le vaste royaume hongrois. C'était surtout vrai dans
les régions frontalières où la population de souche hongroise représentait une minorité parmi les Tchèques, les Slovaques, les Roumains,
les Ukrainiens et autres. L'émergence d'une classe moyenne relative-
ment aisée de Juifs exerçant dans le domaine des affaires ou des professions libérales a aussi encouragé le phénomène d'acculturation et
d'identification avec la majorité dominante. Les Juifs et les personnes
d'ascendance juive ont beaucoup apporté à la Hongrie : outre le commerce et la finance, ils étaient aussi très actifs en musique, dans les
arts et en littérature, dans le journalisme, la médecine et le sport.

En dépit de ces diverses réussites – ou peut-être justement à cause
d'elles – la discrimination sociale s'est maintenue. L'exclusion « polie »
des Juifs – y compris de ceux liés par mariage à la grande bourgeoisie
– des cercles de la haute société et des domaines traditionnels du pri-
vilège aristocratique au sein du gouvernement et de l'armée était très
répandue. Comme partout en Europe, des mouvements antisémites
ont émergé à la fin du XIXe siècle, désireux d'exclure les Juifs et de se

défaire de leur influence présumée sur la société. Afin de faciliter leur intégration sociale et leur réussite professionnelle, beaucoup de Juifs ont remplacé leur nom de famille à consonance « juive », souvent d'origine allemande, par des noms hongrois. Schneider, par exemple, est devenu Szabó et Cohen est devenu Kovács. D'autres sont allés encore plus loin en se convertissant au christianisme afin d'échapper aux handicaps liés au fait d'être juif, une identité encore officiellement considérée comme une affiliation d'ordre religieux et non racial en Hongrie jusqu'aux années 1930. Cela a été le cas des parents et grands-parents de Tommy Dick qui explique : « *De Juifs non pratiquants avant leur conversion, ils se sont transformés en protestants non pratiquants.* » Comme le montre Tommy Dick, c'est pour la forme que lui et sa famille se sont convertis au christianisme, afin de ne plus être gênés par leur origine juive. Il résume la situation de manière très pertinente lorsqu'il affirme : « *Bien que ma famille n'ait jamais observé les pratiques d'une quelconque religion, nous sommes restés juifs socialement et culturellement, essentiellement en réaction à la structure sociale antisémite et cloisonnée du pays.* » Ainsi, sa famille faisait partie d'un sous-groupe particulier, les « Juifs non-juifs » hongrois, qui se retrouvaient souvent à n'avoir de contacts sociaux qu'entre eux et renforçaient ainsi certaines normes culturelles.

Au lendemain de la dissolution de l'Empire austro-hongrois, conséquence de la Première Guerre mondiale, la Hongrie était un État complètement indépendant, mais profondément meurtri. Le traité de Trianon l'a forcée à céder une grande partie de son territoire au profit de ses voisins (dont certains étaient de nouveaux pays) ainsi que la majeure partie de sa population non ethniquement hongroise. Elle devenait pour la première fois un État-nation ethniquement homogène. Près de la moitié de sa population juive d'avant la Première Guerre mondiale se retrouvait désormais à l'extérieur de ses frontières, laissant environ 473 000 Juifs dans la Hongrie tronquée en 1920. Du fait des conversions, d'un taux assez élevé de mariages mixtes entre Juifs et chrétiens et du faible taux de natalité, le nombre de Juifs a continué de décliner. Ces tendances reflétaient, malgré l'intensi-fication de sentiments anti-juifs, la prospérité et l'important niveau d'acculturation et d'intégration des Juifs. C'est avec dérision que la capitale, Budapest, était appelée « Judapest » (jeu de mot à partir du nom de la ville en hongrois, signifiant aussi « le fléau juif » en alle-mand, une langue largement connue en Hongrie). Dans la période de l'entre-deux-guerres, près d'un tiers des Juifs hongrois, en tenant compte des Juifs convertis, vivaient à Budapest.

Si la fin de l'époque des Habsbourg a été une période très favora-ble aux Juifs hongrois dont l'intégration s'est accélérée (même si c'était au prix de conversions), la tendance s'est inversée dans la période de l'entre-deux-guerres. Les Juifs partageaient en général les revendica-tions territoriales de la haute bourgeoisie hongroise quant au retour des territoires perdus. Toutefois, leur alliance avec l'élite sociale s'est fragilisée à mesure que diminuait l'utilité des Juifs comme propaga-teurs de la culture et de la langue magyares et que s'intensifiaient les tendances réactionnaires appelant à exclure les non-Magyars de l'éco-nomie et de la société. En 1920 a été imposé un *numerus clausus*, ou système de quotas, qui limitait le nombre d'inscriptions de Juifs dans les institutions d'enseignement supérieur à un maximum de 5% afin de rendre les emplois plus accessibles à l'intelligentsia de souche hon-groise. Pourtant, le gouvernement des années 1920 a honoré nombre des engagements libéraux précédemment pris par la haute bourgeoi-sie envers les Juifs, avec des déclarations visant à se distancier du ra-cisme affiché. Le *numerus clausus* n'a été appliqué que de manière approximative avant d'être finalement abandonné. Les Juifs convertis et leurs enfants étaient, en tant que chrétiens, toujours épargnés par les politiques de discrimination. Dans l'ensemble, les Juifs pouvaient se consoler en se disant qu'une alliance à des fins utilitaires avec des antisémites « modérés », hostiles à l'extrême droite, à l'intervention étrangère et, plus tard, au nazisme, constituait une position tenable.

La situation des Juifs et des personnes d'origine juive s'est considé-rablement détériorée dans les années 1930, avec l'ascension politique de l'extrême droite et l'influence toujours plus grande de l'Allemagne nazie. Les modérés dans le régime hongrois ont continué d'adopter des lois antisémites tout en résistant, dans une certaine mesure, à la pression nazie et aux appels des fascistes locaux à résoudre la « question juive » à la manière des Allemands. En 1938 a été adoptée la « première loi juive » qui limitait l'emploi des Juifs dans les professions libérales, dans les administrations, ainsi que dans les entreprises commerciales et industrielles. Elle touchait aussi les Juifs qui s'étaient convertis au christianisme après 1919, soit environ trois ans après la conversion des grands-parents de Tommy Dick. La « deuxième loi juive » a étendu ces restrictions à quelque 100 000 chrétiens (des Juifs convertis ou leurs enfants) et a restreint plus encore l'activité économique et politique des Juifs. Le nombre de Juifs en Hongrie a augmenté à mesure que des territoires voisins – certaines parties de la Roumanie, de la Tchécoslovaquie et de la Yougoslavie pour l'essentiel – ont été annexés par la Hongrie à la fin des années 1930 et dans le courant de la guerre. Lorsque, en 1941, a été promulguée la « troisième loi juive » qui donnait une définition plus radicale des Juifs, se fondant sur les lois de Nuremberg, 825 000 Juifs se trouvaient sous contrôle hongrois. Ce chiffre comprenait nombre de non-Juifs qui étaient désormais définis racialement comme étant des Juifs.

Tant que la Hongrie a conservé sa souveraineté et est restée sous le contrôle de son régent, l'amiral Horthy, un ancien officier des Habsbourg, et de son premier ministre Kállay, les Juifs hongrois (ou, plus exactement, ceux qui étaient considérés comme Juifs par le régime) étaient à l'abri des effets directs de la politique menée par les nazis. La sévérité des lois anti-juives conduisait néanmoins à leur humiliation, à leur exclusion de la vie publique et culturelle et à leur ruine économique. Au début du mois de mai 1940, un certain nombre de jeunes Juifs (qui, précisons-le, étaient exclus de l'armée) ont été recrutés au sein de bataillons de travail pour accompagner, sans armes, les forces hongroises au combat. Traités avec brutalité, un grand nombre d'entre eux sont morts sur le front de l'Est. D'autres ont été envoyés comme travailleurs forcés en Yougoslavie ou en Hongrie. Des milliers ont été « rapatriés » de force en Pologne où ils ont été assassinés par les nazis et des milliers d'autres ont été massacrés, en même temps que des Serbes, par les forces hongroises elles-mêmes en Yougoslavie. Pourtant, le gouvernement hongrois, qui cherchait à maintenir sa souveraineté et espérait négocier une paix séparée avec les Alliés en 1943, s'est abstenu d'infliger aux Juifs les plus perverses persécutions de style nazi. Le gouvernement espérait, à l'origine, qu'une alliance avec l'Allemagne nazie aiderait la Hongrie à récupérer ses territoires perdus. Mais cette alliance s'est avérée néfaste.

Le sort des Juifs hongrois a pris un tour décisif et dramatique en mars 1944 lorsque l'Allemagne a envahi le pays. Les Allemands considéraient que la réticence du régime hongrois à mettre en place la « solution finale » relevait du sabotage et constituait une preuve qu'il voulait rejoindre le camp des Alliés. Un nouveau gouvernement composé d'éléments pro-nazis a immédiatement commencé à arrêter les Juifs, les a enfermés dans des ghettos et, pour finir, les a déportés. Les Juifs étaient rassemblés depuis les villes et la campagne et emprisonnés dans des baraques, des salles de sport et des campements temporaires dans les conditions les plus déplorables. Quelques Juifs valides ont été transportés pour aller travailler dans des usines et ainsi soutenir l'effort de guerre et l'économie allemands. À partir du printemps 1944, plus de 437 000 Juifs ont été déportés vers Auschwitz pour y effectuer du travail forcé ou être immédiatement assassinés. D'autres ont été abattus sur place ou sont morts au cours de marches forcées.

Horthy est intervenu pour empêcher que les Juifs de Budapest ne soient déportés. Cette intervention visait de toute évidence à rassurer les opinions publiques étrangères qui s'indignaient des déportations incessantes de Juifs vers Auschwitz par la Hongrie et, ainsi, à garder des Juifs vivants sur son territoire afin de faciliter la paix avec les Alliés. En octobre 1944, un coup d'État orchestré par les nazis a placé au pouvoir le parti fasciste des Croix-Fléchées (*Nyilaskeresztes Párt* en hongrois, d'où provient le terme *Nyilas* qu'utilise Tommy Dick dans son récit), avec Ferenc Szálasi à sa tête, intensifiant de manière radicale les persécutions contre les Juifs. Pendant les quelques mois qui ont précédé la prise de contrôle de la Hongrie par les Soviétiques à la mi-janvier 1945, près de 100 000 Juifs de Budapest ont perdu la vie lors de pogroms, de déportations par train, de marches de la mort ou autres. Lorsque les Soviétiques ont pris le contrôle de la ville, plus de la moitié des Juifs y étaient encore en vie, alors que les Juifs de la province avaient presque tous été exterminés. À la fin de l'occupation allemande, environ 70% de la population juive hongroise avait péri. En tout, plus de 600 000 d'entre eux sont morts.

Jusqu'au moment où Tommy Dick a dû se présenter, comme son père et son frère, pour rejoindre un bataillon de travaux forcés à la fin du mois de mai 1944, sa vie de paria, soumis à des restrictions humiliantes « *était éprouvante, mais supportable.* » Le dur labeur sous la direction de chefs parfois sadiques est resté tolérable aussi longtemps qu'il est demeuré à l'intérieur de la zone de Budapest et qu'il pouvait voir sa famille et ses amis. Lorsqu'il n'a plus été possible d'échapper à la déportation, toutefois, il a fait preuve d'audace et a préféré essayer d'échapper aux membres des Croix-Fléchées qui l'avaient capturé, plutôt que d'accepter ce qu'il savait être une condamnation à mort. Sa survie, stupéfiante et miraculeuse, n'aurait pas été possible sans sa débrouillardise, ni sans l'aide d'amis et d'inconnus compatissants qui ont risqué leur propre vie pour l'aider à sauver la sienne. Il a eu aussi assez de chance pour se trouver réuni en 1945 avec la quasi-totalité de sa famille qui avait pu échapper au pire des persécutions jusque dans les derniers mois de la guerre. Néanmoins, alors que nombre de ses pairs souhaitaient rester et refaire leur vie dans leur pays natal, ce qu'il avait vécu l'a convaincu que rester en Hongrie après la guerre n'était pas une solution acceptable à ses yeux :

Rien ne pouvait être pire que les persécutions humiliantes et dégradantes que nous avions endurées. J'en retirais un vif sentiment d'optimisme qui dominait ma vie.

L'autre sentiment était tout aussi intense, mais foncièrement négatif. Il consistait en une haine intense et irrémédiable envers mes concitoyens. Les Hongrois avaient montré leur vrai visage […] Jamais je n'oublierai que, dans les phases finales de la guerre, les Hongrois avaient donné priorité à l'extermination de leurs propres concitoyens juifs plutôt qu'au combat contre les Soviétiques qui envahissaient leur pays. Je ne souhaitais plus vivre parmi ces gens-là.

Tommy Dick n'était pas particulièrement attiré par le sionisme, le mouvement aspirant à créer un État juif indépendant sur la terre ancestrale des Juifs. Il semble que les expériences qui avaient été les siennes durant la guerre n'avaient pas éveillé en lui de lien particulier avec la culture ou le peuple juifs, une culture à laquelle il ne s'identifiait pas. Toujours plein de ressources et guidé par des préoccupations pragmatiques, il a réussi à se servir du mouvement clandestin qui emmenait des Juifs vers la Palestine alors sous mandat britannique afin de se frayer subrepticement un passage depuis la Hongrie occupée par les Soviétiques vers un camp de « personnes déplacées » en Autriche en 1945. Ce faisant, il a réussi à échapper à l'emprisonnement de l'autre côté de ce qui allait devenir le « rideau de fer » communiste, la séparation symbolique entre l'Est et l'Ouest. Parlant couramment anglais, un atout qui lui a rendu de grands services dans l'Europe occupée par les États-Unis, il ambitionnait d'immigrer vers les États-Unis. Il a réussi à venir au Canada en 1948 où il a commencé une nouvelle vie. Il y a été entrepreneur, avocat, mari et père de famille.

Même s'ils ne sont pas dénués d'émotions, les mémoires de Tommy Dick sont rarement teintés de sentiments ou de nostalgie. Ses expressions de colère ou de chagrin sont pour l'essentiel plutôt retenues. On sent dans ses souvenirs un certain cynisme, une méfiance face aux identités collectives et aux loyautés soi-disant naturelles (le sacrifice dévoué d'une mère pour ses enfants par exemple). Même s'il est capable de loyauté, d'amour et d'amitiés profondes, Tommy Dick est dans une grande mesure un individualiste et un esprit indépendant. De fait, ce sont ces traits qui l'ont aidé à survivre et à reconstruire sa vie dans la période de l'après-guerre.

Kalman Weiser
Toronto, Ontario
Août 2007

RÉFÉRENCES BIBLIOGRAPHIQUES

Engel, David. « Holocaust » *The YIVA Encyclopaedia of Jews in Eastern Europe.* New Haven, CT : The YIVO Institute for Jewish Research and Yale University Press, 2008.

Katzburg, Nathaniel. « Hungary » *The Encyclopaedia Judaica*, CD ROM, Keter Publishing House Ltd., 1997.

Marrus, Michael. *The Holocaust in History*, Hanover, NH et Londres : The University Press of New England, 1987.

Mendelsohn, Ezra. *The Jews of East Central Europe between the Two World Wars.* Bloomington : Indiana University Press, 1983.

À Erika

Jamais auparavant je n'avais consigné ces événements par écrit.
Me les remémorer n'a pas été agréable, mais peut-être
Salutaire. Il est bon de lutter avec ses souvenirs.
Et je te remercie de m'avoir incité à écrire.

Première partie
L'occupation allemande

Je suis né à Budapest en avril 1925. De mon temps, la Hongrie était gouvernée par un régime réactionnaire et répressif. Mais l'antisémitisme y sévissait déjà, avec plus ou moins de virulence, depuis bien longtemps. Vers 1916, mes quatre grands-parents, qui étaient juifs, se sont convertis indépendamment les uns des autres au christianisme. Mon père est ainsi devenu calviniste et ma mère, luthérienne. De Juifs non pratiquants avant leur conversion, ils se sont transformés en protestants non pratiquants. Ils sont devenus ce que j'appellerais des « agnostiques *reborn* ». Bien que ma famille n'ait jamais observé les pratiques d'aucune religion, nous sommes restés juifs socialement et culturellement pour une simple raison : la structure sociale antisémite et cloisonnée du pays nous excluait. Les clubs de sport n'acceptaient pas les Juifs, quel que soit leur potentiel athlétique, les contraignant ainsi à créer leurs propres clubs. Il en allait de même pour les réseaux sociaux et les nombreuses associations professionnelles.

Lorsque Hitler est arrivé au pouvoir en 1933, la Hongrie est devenue l'un de ses premiers alliés. Il y avait des raisons à cela. Faisant partie de l'Empire austro-hongrois et ayant été de ce fait la principale alliée de l'Allemagne durant la Première Guerre mondiale, la Hongrie n'avait pas été épargnée lors de la conférence de paix de Paris en 1919. Le traité de Versailles – ou, plus exactement, son traité annexe, le traité de Trianon, qui définissait les clauses de la paix pour la Hongrie – réduisait cette dernière au tiers de la taille qu'elle occupait avant la guerre, répartissant deux tiers de son territoire entre la Tchécoslovaquie, la Roumanie, la Yougoslavie et l'Autriche. D'un seul coup, le traité de Trianon divisait donc un pays qui, même s'il avait été dominé par divers envahisseurs (Gengis Khan, les Turcs, les Habsbourg…) avait existé comme entité politique unifiée de manière continue depuis l'an 895. Les Hongrois haïssaient le traité de Trianon qu'ils considéraient comme un traité inacceptable imposé par les vainqueurs à la Hongrie. « Que justice soit rendue à la Hongrie » est devenu le cri de ralliement de tout le pays. L'Allemagne, ayant elle aussi été durement touchée par ce traité, est devenue une alliée naturelle. La propension hongroise aux excès d'extrême droite a été une aubaine pour Hitler. Plus il incitait à la guerre, plus le nombre de ses sympathisants hongrois augmentait, s'imaginant que leur pays serait récompensé pour sa contribution à l'hégémonie nazie. Les Hongrois pensaient que Hitler parviendrait à reconquérir leurs territoires perdus et à redonner au pays sa gloire passée.

Évidemment, ma famille et les gens qu'elle fréquentait étaient inquiets de cette alliance. Toute personne sachant lire connaissait l'existence du livre *Mein Kampf*, que Hitler avait rédigé alors qu'il était en prison en 1924, et savait que l'extermination des Juifs était une des pierres angulaires de son programme politique. Mais personne ne pouvait imaginer que cette obsession deviendrait une telle priorité.

~

Avant la guerre, nous faisions l'objet d'une certaine discrimination, mais la vie était supportable. Mon père dirigeait une grande usine de briques. Les quatre sœurs de ma mère étaient toutes mariées à des hommes exerçant des professions libérales et son père était conseiller gouvernemental en affaires fiscales et financières. Je crois comprendre que, durant la Première Guerre mondiale – à l'époque où le judaïsme était encore considéré comme une question religieuse, non comme une question raciale – mon grand-père maternel était devenu luthérien en partie parce qu'il aspirait à devenir ministre des Finances.

Lorsque la Deuxième Guerre mondiale a éclaté, la discrimination à l'égard des Juifs s'est intensifiée. Toute personne née de parents juifs était considérée comme juive. Les universités avaient des quotas pour les Juifs afin de s'assurer qu'ils ne représentent jamais plus d'une infime partie du corps étudiant. Ces restrictions équivalaient à leur interdire l'accès aux études supérieures et aux postes importants. On considérait les Juifs trop peu fiables pour être recrutés dans l'armée mais on les enrôlait dans des bataillons de travail et on les envoyait sur le front russe pour effectuer les travaux pénibles et dangereux. Par exemple, de nombreux Juifs étaient utilisés dans les champs de mines afin de tester le sol avant que les soldats ne s'y risquent. Des lois interdisant les mariages mixtes ont été adoptées en vue de protéger la « pureté » de la race aryenne. Un Juif pouvait être reconnu coupable de fornication avec une aryenne et écoper de plusieurs années de prison.

Quand j'étais au lycée, les élèves devaient participer deux fois par semaine à un entraînement militaire de base. Une partie de l'entraînement consistait à manipuler une arme à feu, à la démonter, à la nettoyer et à tirer avec des balles à blanc. À cause de mon ascendance juive, on me considérait comme non fiable et je devais m'entraîner à l'écart des autres, sans arme. Ce n'est pas que j'aimais les armes, mais je trouvais cette ségrégation humiliante. La vie était éprouvante mais restait supportable, sauf pour les malheureux en âge d'aller faire leur service et enrôlés dans des bataillons militaires de travail. La Hongrie était alliée à l'Allemagne, mais demeurait, du moins officiellement, un pays indépendant.

Puis, le 19 mars 1944, le pays a été occupé par l'armée allemande.

Aujourd'hui, des années plus tard, je me rappelle encore l'effroi, l'angoisse et mon sentiment de totale impuissance durant ces premiers jours d'occupation. Je me rappelle combien nous avons été surpris d'apprendre que l'occupant allemand considérait l'extermination des Juifs – qu'il appelait la « solution finale[1] » – comme sa priorité absolue. L'armée allemande avait commencé à se replier après la bataille de Stalingrad qui avait eu lieu entre le 21 août 1942 et le 2 février 1943. Au printemps 1944, les Allemands luttaient pour leur survie et c'est pourtant à ce moment-là qu'ils ont procédé à des arrestations dans la communauté juive, tant parmi les notables que parmi les simples citoyens. On est en droit de se demander si, stratégiquement, ils n'auraient pas eu de tâches plus urgentes à accomplir. Ils avaient dû obtenir des listes, manifestement préparées avec l'aide de collaborateurs hongrois, sur lesquelles figuraient les noms et les adresses des Juifs. Avec une efficacité impitoyable, ils se sont mis à traquer la population juive. Personne ne connaissait les critères utilisés pour établir ces listes. Pour les Juifs, il était impossible d'échapper à cette terreur. Mon père avait préparé un sac avec le strict minimum au cas où on viendrait frapper à notre porte.

Quelques jours après le début de l'occupation, des panneaux d'affichage ont fait leur apparition dans les rues, annonçant que les Juifs (définis comme toute personne ayant deux grands-parents nés Juifs) devaient porter une étoile de David jaune cousue sur leurs vêtements lorsqu'ils se trouvaient dans des lieux publics. Un couvre-feu et de nombreuses restrictions annexes ont été imposés, avec ordre de les respecter sous peine d'arrestation. Chaque jour, de nouveaux avis étaient affichés. L'un d'eux dressait la liste des magasins vides où les Juifs devaient venir déposer leurs postes de radio aux heures indiquées. Je me rappelle encore très bien le dilemme auquel nous avons été confrontés. D'un côté, il y avait l'humiliation de voir une queue sans fin de Juifs s'alignant docilement jusqu'au coin de la rue pour venir déposer leur poste de radio. De l'autre côté, cela valait-il

---

1 Cette expression fait référence à la politique mise en place par l'Allemagne nazie qui visait à l'extermination complète des Juifs d'Europe. Voir le glossaire pour plus d'informations.

la peine de voir un membre de ma famille se faire appréhender pour avoir gardé un poste de radio ? Pour comprendre notre peur, il faut aussi tenir compte de l'hostilité de la grande majorité des Hongrois à l'égard des Juifs. On ne pouvait faire confiance à personne, étant donné que les Hongrois collaboraient avec les Allemands. Il devait être facile de se rebeller au Danemark où le roi avait affiché son soutien envers les Juifs. Sa prise de position semblait avoir encouragé la population à suivre son exemple et à résister. Mais rien de tel ne s'était produit en Hongrie. Dans les faits, une grande partie de la population soutenait activement les mesures répressives adoptées à l'encontre des Juifs, alors que les autres restaient passifs. Beaucoup n'auraient pu se montrer plus indifférents. Dans de nombreux cas, je soupçonne l'existence d'une part d'égoïsme dans ce soutien, puisque les gens savaient que, lorsque des familles juives étaient déportées vers d'autres pays occupés par les Allemands, leurs maisons étaient saisies et leur contenu, leur mobilier et tout ce qu'ils possédaient étaient aisément pillés par les collaborateurs. Dans ces conditions, pourquoi ne pas adhérer au système ? Pourquoi ne pas se comporter comme des vautours ?

Je n'oublierai jamais le triste spectacle des amis de mes parents qui portaient l'humiliante étoile jaune sur leur manteau et venaient tous les jours dans notre appartement nous apporter des nouvelles d'arrestations d'amis et de parents. Les soldats arrêtaient les gens au hasard dans les rues et exigeaient de voir leurs papiers d'identité. Ils étaient à la recherche de personnes ayant fui les unités militaires auxiliaires ou de « parasites » – des individus sans emploi.

J'avais un papier de l'un des amis de mon père attestant que j'occupais un emploi dans son entreprise. Ce document m'a redonné confiance, mais je ne sais pas s'il m'aurait aidé si on m'avait arrêté et interrogé. Heureusement, cette épreuve m'a été épargnée. Les soldats menant les raids étaient tout puissants et nous n'avions absolument aucun droit. Ils pouvaient arrêter une personne parce que sa tête ne leur revenait pas. Il n'y avait aucune échappatoire. Cette personne disparaissait, purement et simplement. La tentation était donc grande de rester chez soi, de ne pas s'aventurer dehors, de ne pas tenter le sort, de ne pas forcer sa chance. À cette époque de grande incertitude, nous vivions sous le signe du changement. Nous oscillions entre la plus grande précaution et l'insouciance, entre rester à la maison pour ne pas être capturé lors d'un raid et sortir pour profiter du jour car il pourrait bien être le dernier.

Nous éprouvions une irrésistible envie de plaisir et le besoin tout aussi fort de passer le peu de temps qui restait à jouir de la vie au maximum. Évidemment, pour un garçon de 19 ans, il n'y a pas meilleure source de bonheur que le plaisir sexuel. Heureusement pour moi et pour mes amis, les filles de 19 ans de notre cercle d'amis étaient du même avis. Nous nous y adonnions donc sans arrière-pensée. Je suis sûr que les parents de ces demoiselles de bonne famille étaient au courant des relations de leurs filles, mais ils ne s'en mêlaient pas. Eux aussi devaient savoir qu'une fin prochaine était possible et ils les laissaient donc en profiter.

Ceux d'entre nous qui n'avaient pas été arrêtés et dont les parents étaient encore chez eux ont pu s'adapter aux incertitudes de la vie à Budapest. Pourtant, au début du mois de mai, des nouvelles affligeantes ont commencé à nous parvenir petit à petit, venues de tout le pays. Les Juifs étaient rassemblés depuis les villes et les villages et retenus dans des casernes et des salles de sport dans des conditions déplorables. Les déportations avaient commencé. Même si nous ne connaissions pas l'existence des chambres à gaz et des fours crématoires, nous avions entendu parler des camps de concentration. Les nouvelles venues de l'extérieur ne laissaient aucun doute sur le fait que, tôt ou tard, notre tour viendrait.

~

Ma vie a basculé le 20 mai 1944, lorsque des affiches ont fait leur apparition dans les rues, ordonnant aux Juifs de mon âge de se présenter le 5 juin dans des camps de travail désignés. On nous indiquait quels vêtements et quel équipement apporter et que les camps seraient dirigés et tenus par l'armée hongroise. On nous disait aussi que la discipline et des lois militaires y seraient appliquées. Cela signifiait que, si quelqu'un tentait de s'enfuir, il serait présenté en cour martiale et exécuté comme déserteur. C'était une nouvelle terrifiante. Je n'avais jamais quitté la maison, si ce n'est pour me rendre au camp d'été, et je savais que ce ne serait pas un camp d'été. Où allait-on nous envoyer ? Quelles seraient les conditions dans le camp ? Quels types de travaux allions-nous devoir effectuer et à quel point seraient-ils répressifs ? Les soldats qui allaient nous surveiller seraient-ils humains ou sadiques ? Je posais ces questions, mais n'attendais pas de réponse. Je me suis demandé s'il y avait quelque avantage à devenir travailleur forcé. Après tout, peut-être. Mes amis et moi avons tenu le raisonnement suivant : il était inévitable qu'une fois terminée la déportation de tous les Juifs de la campagne, ils se tourneraient vers Budapest pour en finir avec leur entreprise meurtrière. Peut-être le camp de travail serait-il, de ce point de vue, un refuge un peu plus sûr puisque les détenus ne seraient pas chez eux lorsqu'on viendrait les chercher pour les déporter.

Ces considérations mises à part, la perspective de travailler dans ces camps nous épouvantait.

Je dois dire que mes parents ont eu un comportement admirable. S'ils s'inquiétaient pour mon frère Jancsi et pour moi, ils ne le montraient pas. Ils nous ont acheté le meilleur équipement, les bottes les plus robustes et, alors que l'été approchait, les manteaux les plus chauds qu'ils avaient pu trouver. Mon père en particulier m'a fait sentir qu'il était sûr que je m'en sortirais. Mais surtout, il était optimiste et pensait que la guerre finirait bientôt, ou du moins avant que les nazis n'aient le temps de mener à son terme leur « solution finale » en Hongrie. Il avait le sentiment que, puisque l'armée allemande avait été battue en Afrique du Nord, que les Alliés avaient débarqué en Sicile et que l'Italie avait capitulé, tôt ou tard les Allemands engageraient un processus de paix, de peur que le mécontentement populaire ne fasse imploser le système. Si la tentative d'attentat contre Hitler du 20 juillet 1944 avait réussi, les prédictions de mon père auraient pu se réaliser. Mais, dans les faits, la guerre a duré encore un an et des millions de personnes, dont mon père, sont mortes inutilement.

Le jour est arrivé où je devais me présenter au camp de travail. L'heure était venue de dire au revoir à mes parents et à Jancsi qui avait eu à se présenter à un autre endroit un jour auparavant. Je ne savais pas si je les reverrais un jour.

Tous mes amis, Ocsi, Andris, Peter Fargo et moi, devions nous présenter pour le *Munkaszolgálat* (l'enregistrement et l'affectation à un bataillon) à Kosd, le 5 juin 1944. Kosd est un village situé à environ 50 kilomètres à l'ouest de Budapest. Des milliers de personnes sont venues se faire enregistrer et ont été triées selon leur âge, leurs compétences et d'autres critères avant d'être envoyées pour travailler à différents endroits du pays. Comme Ocsi et Andris savaient conduire, on nous a envoyés à un endroit à Budapest où leurs talents de conducteurs pourraient être mis à profit. Ils ont passé deux heures à essayer de m'apprendre à conduire en théorie. Nous avons rapidement compris qu'il ne suffisait pas de savoir laquelle des trois pédales était la pédale d'embrayage, l'accélérateur ou le frein. Il aurait fallu avoir une voiture à portée de main (ou plutôt « à portée de pied »). Ocsi et Andris sont devenus chauffeurs et moi, comme je n'avais aucune compétence particulière, on m'a relégué aux travaux de force. Le jour suivant, Tommy Farago est arrivé dans notre camp pour nous apporter la merveilleuse nouvelle du débarquement allié en Normandie. En raison de son âge, il avait dû se présenter plusieurs jours auparavant dans un village proche de Kosd et était, de ce fait, un « ancien ». Cette nouvelle a été la première faible lueur d'espoir après sept mois très sombres.

J'ai été envoyé dans un camp de travail quelque part dans la banlieue de Budapest, soit à Kispest (« la petite Pest », située au sud de la ville) soit à Újpest (« la nouvelle Pest », plus au nord). Je suis resté dans la banlieue de Budapest tout le temps que j'ai effectué des travaux forcés. Dans le camp principal, certes le chef et les gardes restaient indifférents à notre sort, mais ils n'étaient pas sadiques. Les détenus étaient représentatifs de l'ensemble de la société juive hongroise. Il y avait parmi nous des Juifs orthodoxes qui portaient la kippa en travaillant et priaient tous les soirs en châle de prière et des Juifs assimilés – ceux qui n'étaient pas juifs dans le sens religieux du terme, mais qui se retrouvaient « juifs » en vertu du décret de Hitler. Les travailleurs forcés étaient de tous horizons sociaux, de tous âges, de tous niveaux d'études. Je maniais la pelle aux côtés du Dr Schisha, le chirurgien vasculaire qui m'avait opéré des varices quand j'avais 14 ans, et d'un juge de la *Kúria*, la plus haute cour du pays. Il y avait bien sûr beaucoup d'autres personnes bien moins notables. La nourriture était correcte. Le plus souvent, c'était du mouton qui ne sentait pas bon, mais des colis venus de la maison venaient améliorer l'ordinaire. Nous avions de temps à autre des laissez-passer pour la journée et nous pouvions rentrer chez nous, retrouver nos familles et nos amis, prendre un bain chaud et savourer la cuisine familiale. Ainsi allait la vie dans le camp principal. De la mi-juillet à la mi-septembre, j'ai été envoyé, avec de nombreux autres jeunes provenant de différents camps situés à l'extérieur de Budapest, à Háros-sziget, une île située au sud de l'île de Csepel, au sud de Budapest. Cette expérience a été d'une dureté extrême. Elle a été pire que la précédente du fait du sadisme du chef de camp et de la méchanceté et de la malveillance des gardes qui travaillaient sous ses ordres. Les décombres de la ville bombardée étaient transportés sur l'île par camion et déversés en tas de forme pyramidale. Notre travail consistait à niveler rapidement ces pyramides. Je me rappelle le moment où sont arrivés sur l'île de gros blocs provenant des toits en verre armé de nos gares bombardées. Sans gants de travail, nous devions les casser en petits morceaux et manier ces fragments coupants et sales. Officiellement, le travail avait pour but de combler la partie marécageuse de l'île. Mais en fait, il s'agissait simplement de nous faire travailler, puisque tout ce fatras aurait pu être transporté et déversé directement des camions dans les marais.

Vers la mi-septembre, un nouveau groupe est venu prendre le relais et nous sommes donc retournés dans le camp principal. Des laissez-passer d'une journée étaient distribués occasionnellement et il m'arrivait parfois de rentrer à la maison en même temps que mon père et que Jancsi. Ils travaillaient dans des camps différents à Budapest et tenaient bien le coup. Maman habitait notre appartement au numéro 6 ter de la rue Hold. Son frère Feri, la femme de ce dernier, Blanka, et plusieurs amis avaient emménagé avec elle. Chaque chambre abritait une famille, ce qui réduisait le risque que les autorités n'installent des étrangers dans l'appartement.

~

C'est dans cette atmosphère que, le 15 octobre 1944, nous nous sommes tous retrouvés à la maison au moment où nous avons entendu à la radio, en milieu de journée, l'amiral Horthy[2] parler à la nation. Il a avoué que l'Allemagne et la Hongrie avaient quasiment perdu la guerre. Il appelait la population à éviter toute autre effusion de sang et à arrêter de résister à l'armée soviétique qui se trouvait à environ 50 kilomètres à l'est de Budapest. La nouvelle nous a remplis de joie. Nous nous sommes tous mis à rire, à crier et à nous embrasser, pensant que ce discours annonçait la fin de la guerre et que nous avions tous miraculeusement survécu. Nous savions que la majorité des Juifs qui habitaient la campagne, à l'extérieur de la capitale, avaient été déportés et tués. Mais le revirement soudain de Horthy, très certaine-

---

2 L'amiral Miklós Horthy avait été amiral dans la flotte de l'armée austro-hongroise durant la Première Guerre mondiale et avait servi comme régent de la Hongrie durant la période de l'entre-deux-guerres et pour l'essentiel de la Deuxième Guerre mondiale. Voir le glossaire pour plus d'informations.

ment motivé par le désir de modifier son image de collaborateur en prévision de l'après-guerre, nous accordait un sursis. Nous pensions que les nazis avaient fait leur temps. Les Soviétiques arriveraient bientôt et tout irait bien.

L'euphorie a duré à peine une heure. Puis nous avons commencé à recevoir des nouvelles contradictoires. Finalement, nous avons appris que Horthy avait été arrêté par la Gestapo et que Ferenc Szálasi, le chef du parti d'extrême droite des Croix-Fléchées, avait été désigné par les Allemands pour constituer un nouveau gouvernement. Dans l'après-midi même, il entamait son règne de terreur.

C'est cet après-midi-là aussi que je voyais mon père pour la dernière fois. Nous avons eu une longue conversation et nous nous sommes entendus sur deux choses: premièrement, tant que nos camps respectifs se trouvaient à Budapest, nous y serions plus en sécurité que si nous essayions de nous échapper et de nous cacher immédiatement et, deuxièmement, juste avant que les camps ne soient déplacés, nous ferions tout notre possible pour nous enfuir afin d'échapper à la déportation. Il était évident que la guerre n'était pas finie, qu'elle durerait plus longtemps à l'ouest du Danube et en Autriche et que c'est donc dans cette direction que nous serions déportés.

Nous avons aussi évoqué la possibilité pour mon père d'essayer d'obtenir de son chef de camp de nous faire transférer, Jancsi et moi, pour que nous le rejoignions, mais ce plan n'a pas abouti. Il s'est avéré que mon père a été paralysé par l'idée que, s'il s'évadait, il lui serait impossible de se cacher dans une ville où il était si connu. Si nous avions été ensemble, il aurait refusé de s'évader pour cette raison et nous n'aurions pas accepté de nous enfuir sans lui.

C'est vers le 15 octobre que j'ai rencontré mon ami Ocsi, mais je ne me rappelle plus où. Nous avons discuté du même plan et lui aussi m'a encouragé à ne pas changer de camp tant que l'unité resterait à Budapest. Il avait l'intention de s'échapper dès qu'il le pourrait afin d'obtenir de faux papiers et un logement et pouvoir ainsi s'occuper de sa petite amie Erika et de ses parents. Ocsi a proposé que je me cache avec eux dès que les déportations commenceraient. Il ignorait où Erika se trouverait, mais il a ajouté que sa tante Rozsi saurait toujours comment la contacter et il m'a donné l'adresse de la tante.

Nous ne savions pas ce dans quoi nous nous embarquions, mais nous avons décidé de nous mettre en quête d'un moyen de rejoindre la résistance, s'il y en avait une, et d'aider d'autres Juifs à survivre plutôt que de rester terrés dans un sous-sol. Je me rappelle être retourné au camp, rassuré à l'idée que j'avais une cachette sûre et un plan en prévision de mon évasion.

En attendant, la vie dans le camp était devenue plus difficile, mais restait tolérable. Les baraques où nous dormions, la cour de rassemblement et les bureaux du camp étaient entourés d'une haute grille. La cantine se trouvait dans un immeuble situé à proximité de l'enceinte du camp. Trois fois par jour, nous passions donc la grille d'entrée à pied pour nous y rendre.

Le 27 novembre, sans avertissement aucun, le chef de camp et les surveillants, que nous connaissions pour la plupart, ont été remplacés par une nouvelle équipe. Dès que le nouveau chef est entré dans ses fonctions, aux alentours de 17h, il a ordonné à tout le monde de faire son sac après le dîner et d'être prêt pour un départ prévu à 5h le lendemain matin.

Lorsque j'ai entendu l'ordre, je me suis rendu dans ma baraque, j'ai retiré mes bottes, j'ai mis mes chaussures de ville et mon manteau d'hiver, j'en ai arraché l'étoile jaune, j'ai pris ma gamelle et rejoint un grand groupe de détenus qui passaient le portail pour aller dîner à la cantine. Une fois dans la rue, après avoir franchi le portail, j'ai déposé ma gamelle sur le premier banc public venu et, sans regarder ni à droite, ni à gauche, j'ai filé en direction de la station de tramway qui se trouvait à deux rues de là. Personne ne m'a arrêté, ni ne m'a suivi. Je suis simplement monté dans un tramway, en direction de l'appartement de Rozsi, la tante d'Erika, dans le quartier d'Új-Lipótváros. Il se trouve qu'Erika et sa tante habitaient dans la rue Ipoly, tout près l'une de l'autre. La tante m'a reçu très gentiment et n'a pas hésité à me donner l'adresse d'Erika. Je me suis retrouvé sur le pas de sa porte en un rien de temps.

J'ai habité quatre jours avec Erika, Ocsi et notre ami Andris. C'était si bon d'être réunis et Erika s'est bien occupée de nous. Notre humeur alternait entre l'euphorie et la peur. Le père d'Erika, qui habitait au deuxième étage sous un nom d'emprunt, est monté un matin et a trouvé Erika et Ocsi au lit. Je me souviens qu'il disait se sentir comme le roi du conte de fées qui pleure d'un œil et rit de l'autre. Il était très conservateur et de toute évidence choqué de voir sa fille de 16 ans au lit avec un garçon de 19 ans, mais, d'un autre côté, il était heureux, sachant que ce jeune homme faisait tout son possible pour sauver la vie de sa fille.

Le 2 décembre au soir, Ocsi est allé me chercher de faux papiers. Ils auraient dû être prêts la veille au soir, mais l'homme censé fabriquer le tampon lui a dit que ses mains tremblaient et qu'il n'avait pas pu travailler ; nous avons donc dû attendre un jour de plus. Pendant l'absence d'Ocsi, j'ai pris un tramway pour rendre visite à la marraine de ma mère à laquelle je voulais emprunter de l'argent pour payer les papiers d'identité. Lorsque je lui ai dit que j'avais besoin de 2 500 pengős, une somme considérable pour l'époque, elle est allée chercher l'argent dans une cachette et me l'a donné sans me poser de questions. À l'époque où nous vivions, sa réaction n'était pas surprenante. Elle savait que cet argent m'était absolument nécessaire et elle n'aurait pas souhaité occasionner ma perte en me le refusant. L'argent qu'elle m'avait donné se trouvait dans ma poche lors de cette nuit fatidique où j'ai croisé par hasard des *Nyilas* (la milice des Croix-Fléchées, les fascistes hongrois[3]). Ils m'ont fouillé et ont pris l'argent.

---

3 *Nyilas* était le nom familièrement donné aux membres du parti des Croix-Fléchées, le parti fasciste hongrois. Ils étaient connus pour leur brutalité et leur cruauté envers les Juifs. Voir le glossaire pour plus d'informations.

Je suis retourné dans notre appartement de la rue Ipoly. Ocsi n'était pas encore rentré. Seuls Erika et Andris étaient à la maison.

Il était 22h ce soir-là lorsqu'on a frappé à la porte et que quelqu'un a crié : « *Razzia !* » (descente de police). Erika ou Andris m'a poussé dans la salle de bains et m'y a enfermé avant d'aller ouvrir la porte d'entrée. Quatre hommes en uniforme de *Nyilas* ont fait irruption dans l'appartement, arme au poing. Deux d'entre eux se sont dirigés directement vers la salle de bains. J'étais fait comme un rat. Je ne pouvais ni m'enfuir ni me cacher. Ces brutes m'ont asséné des coups de pistolet et m'ont ordonné de leur montrer si j'étais circoncis. Dans cette société, être circoncis prouvait que quelqu'un était juif, mais ne pas l'être, comme c'était mon cas, ne faisait pas nécessairement de moi un aryen.

Les *Nyilas* m'ont frappé à la tête avec un pistolet et m'ont poussé dans le salon où Erika et Andris subissaient un interrogatoire. Je me rappelle avoir été frappé plusieurs fois et être tombé sur le lit après l'un des coups. Je ne me souviens pas de ce qu'ils ont dit à Erika, mais je me rappelle qu'elle et Andris étaient tous les deux blancs comme des linges. Nous étions complètement démunis et totalement terrorisés par les quatre brutes armées. Erika a dû réussir à les convaincre que ni elle ni Andris n'était juif car quelques minutes plus tard, ils m'ont attrapé et m'ont fait sortir, laissant mes deux amis dans l'appartement.

Sur le palier, à quelques pas de l'entrée, se trouvaient sept autres personnes qui avaient été arrêtées et que gardaient les *Nyilas*. J'ai été le dernier de l'immeuble à être arrêté cette nuit-là. Les *Nyilas* ont continué de me demander où se trouvait Ocsi. Lorsque je leur ai dit que j'ignorais de qui il s'agissait, ils m'ont donné des coups de poing au visage et des coups répétés dans le bas-ventre.

La peur m'a pris aux intestins, j'ai demandé à aller aux toilettes. Ils m'ont autorisé à utiliser celles du concierge et, un bref instant, j'ai espéré que je pourrais m'échapper par la fenêtre, mais il n'y avait aucune issue. La fenêtre était petite, très haute et garnie de barreaux pour protéger les locataires des cambriolages. De toute manière, il y avait plusieurs *Nyilas* stationnés dans la rue, à l'extérieur de l'immeuble. Si j'avais pu sortir par la fenêtre, j'aurais atterri droit sous le feu de leurs fusils.

Une fois convaincus qu'ils n'avaient plus personne à arrêter dans l'immeuble, ils nous ont fait sortir au pas de marche. Certains des *Nyilas* postés dehors pendant le raid ont rejoint le groupe, si bien que nous étions huit à être gardés par neuf *Nyilas*. Nous traversions un parc situé non loin de l'appartement lorsque quelque chose a détourné l'attention de nos gardes. Nous avons fait halte et plusieurs gardes sont partis voir ce qui se passait. J'ai dit au groupe qu'à mon signal nous devrions tous nous mettre à courir dans des directions différentes, dans l'espoir que quelques-uns parmi nous pourraient réussir à s'échapper. J'ai donné le signal et je me suis mis à courir aussi vite que j'ai pu, mais tous les autres sont restés sur place. Personne n'a bougé. Deux *Nyilas* m'ont poursuivi. Je me suis glissé sous un banc du parc, mais en vain. Ils m'ont tout de suite trouvé. L'un des *Nyilas* a pointé son pistolet dans ma direction, prêt à me tirer dessus, mais l'autre lui a dit que, de toute façon, nous nous dirigions vers le Danube, alors à quoi bon laisser un cadavre dans le parc ? Ceci a dû lui sembler logique puisqu'il n'a pas tiré.

Ils m'ont escorté jusqu'au groupe et m'ont attaché les mains dans le dos. Ensuite, l'un des *Nyilas* a dit au reste du groupe qu'on nous emmenait au Danube pour nous exécuter en punition de ma tentative de fuite. On leur a dit de s'en prendre à moi pour ce qui leur arrivait. Personne n'a rien dit mais leur haine était palpable. C'était comme si ces assassins de sang-froid avaient souhaité une justification pour nous tuer et il s'en présentait une toute faite : ma tentative de fuite. C'était vraiment affreux.

Bientôt les *Nyilas* sont revenus de l'endroit qu'ils étaient en train d'inspecter et nous ont ordonné de marcher en direction du *Margit híd* (le pont Marguerite). J'étais le seul à avoir les mains attachées, les autres avaient les mains libres. Nous étions de nouveau entourés d'un contingent complet de neuf *Nyilas*.

Sur le pont, alors que nous passions l'entrée du *Margit-sziget* (l'île Marguerite, une île aménagée en parc et située sur le Danube, entre Buda et Pest) et que nous nous dirigions vers Óbuda (une petite banlieue au nord de Buda), une idée désespérée m'est venue. J'ai pensé me jeter par-dessus la rambarde du pont et sauter dans le Danube. Je n'avais rien à perdre. Je me rappelle clairement avoir pris en considération le fait que ces brutes armées pouvaient me tirer dessus avant que j'atteigne l'eau ou une fois dans l'eau et j'étais décidé à courir ce risque. Mais je ne savais pas où se trouvaient les piliers et j'avais peur de m'écraser sur l'un d'eux et de finir en bouillie sur le béton, les tripes à l'air. Cette perspective m'a dissuadé de sauter et j'ai donc continué de marcher. J'étais l'avant-dernier des huit personnes qui se rendaient au Danube pour se faire exécuter. À un moment, l'un des gardes nous a dit de ne pas nous attendre à ce que les Russes viennent nous libérer parce que, d'ici à ce que Staline atteigne Budapest, le courant aurait déjà emporté nos cadavres depuis longtemps.

Arrivés au Danube, sur la rive de Buda, nous avons tourné à droite et marché en direction d'Óbuda. Nous avons avancé assez longtemps avant de tourner de nouveau à droite et de descendre la berge du Danube. Le *Nyilas* à mes côtés a dû sentir que nous avions soudain compris : nous étions à l'endroit où nous serions exécutés. Peut-être était-ce pour nous rassurer qu'il a marmonné l'insulte ultime : « Ça ne fera pas mal », comme si c'était notre plus grand problème. *Salaud.*

J'ai vu plusieurs *Nyilas* qui nous attendaient sur le quai. Ils semblaient être en train de nettoyer à la suite d'une exécution survenue plus tôt. Il était évident qu'il s'agissait de leur site d'exécution habituel, situé à bonne distance d'une rue très passante et hors de vue de la circulation. Le site était parallèle au Danube. Plus que la peur, je me rappelle avoir ressenti une grande colère à l'idée de mourir à l'âge de 19 ans. Mêlé à la colère se trouvait aussi un sentiment de résignation et de fatalité. La situation était sans issue. *Je suis perdu. Je vais mourir.* J'avais les mains attachées dans le dos. Nous étions entourés de sept brutes armées, chacune avec un revolver prêt à tirer. Toute la nuit, j'avais été tenu en échec. Mais là, j'étais échec et mat. Il n'y avait aucune issue.

Puis les choses sont allées très vite. On nous a alignés à portée de revolver, au bord de l'eau, face à la rivière, derrière chacun de nous se trouvait un *Nyilas* avec un pistolet. Le neuvième membre du peloton d'exécution, le chef, se tenait à l'extrême gauche. J'étais le deuxième en partant de la droite. Une femme d'une cinquantaine d'années qui était accompagnée de ses deux filles suppliait qu'on lui laisse la vie sauve. Ceci en dit long sur le proverbial amour maternel et l'idée que les mères sont programmées pour sacrifier leur vie pour celles de leurs enfants.

Je me rappelle avoir entendu le chef crier : « Feu ! » Durant une seconde, une très longue seconde, rien ne s'est passé. Impossible que je reste là, à attendre la mort. J'ai donc tourné la tête pour voir la personne qui se trouvait sur ma droite se faire tuer. C'est à ce moment précis que le *Nyilas* qui se trouvait derrière moi a appuyé sur la détente, visant directement ma nuque. Il était debout, à moins d'un mètre derrière moi. Je ne sais comment, alors que j'avais la tête tournée, la balle est venue me briser la mâchoire au lieu du crâne. Je n'ai aucun souvenir des instants qui ont suivi. J'étais debout, juste au bord de l'eau. Soit la force de l'impact m'a fait tomber en avant, soit le *Nyilas* m'a donné un coup de pied qui m'a précipité dans l'eau. Je ne me rappelle pas être tombé. J'ai dû perdre connaissance une ou deux secondes, mais l'eau glacée du Danube en décembre m'a immédiatement ranimé. Je me rappelle avoir retrouvé mes esprits et être pleinement conscient de ce qui s'était passé. Je savais que j'étais mort et pourtant je pouvais respirer, sentir et penser. Je croyais que ce devait être la vie après la mort.

Cette chimère a été de courte durée. J'ai su d'instinct comment réagir pour éviter de me faire à nouveau tirer dessus. J'ai compris que je devais flotter sans faire d'éclaboussures pour ne pas devenir leur cible. Les *Nyilas* étaient encore beaucoup trop proches. Je les entendais parler, mais je ne pouvais discerner ce qu'ils disaient. La pleine lune et un ciel sans nuages éclairaient la nuit et ajoutaient aux dangers que je courais. Heureusement, le puissant courant du Danube m'a fait rapidement dériver. J'étais si tendu que je ne sentais ni le froid, ni la douleur. Je n'avais qu'une idée en tête, rester en vie.

J'ai dû demeurer quinze ou vingt minutes dans l'eau, me contentant de flotter et me dirigeant de mes mains qui n'étaient plus attachées. J'ignore comment la corde s'était enlevée, mais, lorsque je suis revenu à moi, mes mains étaient libres. Je ne peux que supposer que le *Nyilas* qui m'avait fait tomber dans la rivière d'un coup de pied m'avait aussi retiré les liens, les réservant pour sa prochaine victime. Mais je n'en sais vraiment rien.

Soudain, alors que je flottais dans l'eau, j'ai vu que j'approchais du débarcadère du club d'aviron. Le débarcadère était une grande structure, bien construite. La moitié était occupée par un vaste hangar à bateaux où était stockée la flotte du club : des skiffs, des deux, des quatre, des six et des huit. L'autre moitié servait à accoster et à retirer les bateaux de l'eau pour les faire sécher avant de les porter à l'intérieur du hangar. Je connaissais bien le club d'aviron. Mon père en avait été le président durant des années et, adolescent, j'y avais passé de nombreux week-ends heureux, barrant les canots pour mon père et ses amis et travaillant comme ramasseur de balles sur les terrains de tennis.

Alors que je dérivais à proximité du débarcadère, j'ai compris que c'était là que je devais sortir de l'eau. En m'approchant, j'ai vu les corps de certaines des victimes exécutées avec moi accrochés aux cordages qui reliaient le débarcadère au rivage. J'ai tressailli violemment à la vue de ces cadavres, mais je n'avais pas le temps de penser à ces personnes. Il me fallait trouver un moyen de monter sur le débarcadère. Il était à environ 50 centimètres au-dessus du niveau de l'eau et je devais me hisser dessus alors que je portais un très lourd manteau d'hiver gorgé d'eau et que j'avais la mâchoire brisée. Lorsqu'il s'agit de survivre, on devient très fort. Je me suis hissé sur le débarcadère et j'y suis resté assis une minute. Puis je me suis levé, j'ai traversé le débarcadère en direction du rivage, puis un petit pont reliant le débarcadère à la berge. Alors que je touchais terre, j'ai été immédiatement arrêté, cette fois-ci par un soldat qui, sans doute, m'avait vu me hisser sur le débarcadère et m'avait attendu sur la berge au niveau du pont.

Il a pointé son fusil et sa baïonnette dans ma direction et m'a ordonné de m'arrêter. Ma mâchoire, pendante, était en sang. J'étais incapable de parler et je tremblais. Je ne représentais de toute évidence pas une menace pour lui. Il m'a escorté jusque dans l'enceinte du club où son unité avait ses quartiers. Il a signalé à un officier qu'il m'avait arrêté en territoire militaire. Je crois que je me trouvais dans une unité militaire, non une unité *Nyilas*. Du moins ils ne portaient pas le redoutable brassard *Nyilas* avec l'insigne de la Croix-Fléchée (qui était l'équivalent hongrois de la croix gammée). L'officier a essayé de me questionner, mais il était clair que je ne pouvais pas parler. Je ne pouvais pas non plus m'empêcher de trembler. L'officier a ordonné au soldat de m'escorter jusqu'à l'hôpital qui se trouvait à deux ou trois rues de là et de me ramener pour être questionné une fois qu'on se serait occupé de mes blessures. Nous sommes donc partis, moi tremblant dans mes vêtements trempés, suivi par le soldat avec son fusil et sa baïonnette.

Nous sommes arrivés à l'hôpital Irgalmas (nom que l'on peut traduire par « hôpital des Frères de la Charité »). Le soldat m'a emmené au service des urgences. Une ou deux minutes plus tard, un jeune médecin, le Dr Szilvassy, a fait son apparition. Il m'a jeté un rapide coup d'œil et s'est adressé à moi en anglais : « *How old are you?* » (Quel âge as-tu ?) Il est impossible de décrire combien ces quatre mots en anglais m'ont semblé encourageants dans ma situation désespérée. Le médecin voulait de toute évidence me faire comprendre qu'il était de mon côté. J'en ai éprouvé un profond soulagement.

Le médecin a essayé de panser mes blessures, mais a dû commencer par me faire une injection pour calmer mes tremblements. Ma mâchoire était cassée des deux côtés, six de mes dents avaient été arrachées par la balle et j'avais des nerfs endommagés. Aujourd'hui encore, je n'ai plus (ou très peu) de sensibilité au menton. Néanmoins, ma langue était intacte et la balle n'avait touché aucun organe vital. Si l'on considère que le *Nyilas* avait tiré à un mètre seulement de ma nuque avec l'intention de me faire voler la cervelle en éclats et que tous les autres étaient morts lors de cette exécution, mes blessures étaient effectivement légères.

Une fois mon visage nettoyé et pansé, le soldat a dit au Dr Szilvassy qu'il avait reçu l'ordre de me remmener dans son unité. Mais le médecin s'est montré très ferme. Il lui a répondu que, d'après lui, ma vie était en danger et qu'il me garderait à l'hôpital, quels que soient les ordres qu'avait reçus le soldat. Celui-ci n'a pas insisté mais a prévenu le Dr Szilvassy qu'il reviendrait me chercher dans trois jours.

On m'a donné une blouse d'hôpital et un lit dans une chambrée de vingt-quatre personnes. Le Dr Szilvassy m'a fait une injection de morphine et j'ai dormi pendant longtemps. Je n'ai jamais revu le Dr Szilvassy et tous les efforts que j'ai faits pour le retrouver après la guerre ont été vains.

À mon réveil, le lendemain, ma première pensée a été que le soldat reviendrait me chercher dans trois jours. J'ai informé Mme Beck, la mère d'Andris, de l'endroit où je me trouvais, mais je ne me rappelle pas comment. Suivant le principe qu'il faut bien faire confiance à quelqu'un, j'ai dû demander à une personne rendant visite à mon voisin de chevet de délivrer un message à Mme Beck. Mais ce n'est là que pure spéculation. La vérité, c'est que je n'en sais tout simplement rien. J'espérais que Mme Beck, qui était « aryenne » et possédait un magasin de chapeaux à Pest, préviendrait Erika, Ocsi ou Andris et que l'un d'entre eux viendrait me porter secours avant que le soldat ne revienne. J'étais très inquiet. Comment pourrait-on me sortir de l'hôpital ? Où pourrait-on m'emmener ? J'avais besoin de soins médicaux suivis et ma mâchoire cassée m'empêchait de manger. De plus, je me demandais qui voudrait courir l'énorme risque de m'aider alors que ma simple présence avait failli les mener à la catastrophe quelques jours auparavant. Même s'ils parvenaient à me faire sortir de l'hôpi-

tal, comment pourrais-je me joindre à eux et endurer les rigueurs
physiques de la clandestinité, le fait d'être constamment sur le départ
et de toujours devoir se méfier, sans devenir un trop lourd fardeau
pour tous les trois ? Je n'avais de réponse à aucune de ces questions.

J'espérais que quelque chose arriverait et la chance m'a souri.
Mme Beck a transmis mon message à mes trois amis et une opération de secours a bientôt été organisée. J'ai appris plus tard qu'Ocsi
et Andris étaient venus me voir pour évaluer la situation, mais je ne
me souviens de rien. Je devais être endormi et sous morphine, comme c'était souvent le cas. L'après-midi suivant, alors que j'étais bien
réveillé, j'ai entendu de l'agitation dans le couloir et la voix d'Ocsi
qui disait à quelqu'un qu'il se moquait du fait que j'étais en danger
ou que j'avais besoin de soins médicaux. Il était venu pour me ramener à son unité. Le personnel de l'hôpital a dû croire qu'il s'agissait
du soldat qui m'avait escorté au service des urgences quelques nuits
auparavant et ils ne se sont pas interposés. Ocsi a fait irruption dans
la chambre, est venu à mon chevet et m'a ordonné de sortir du lit et
de le suivre. J'ai obéi. Ocsi portait son uniforme complet de lieute-
nant hongrois, du manteau en cuir de couleur vert clair, similaire
à celui que portaient les officiers allemands, aux bottes d'équitation
marron. Je pense qu'il avait aussi un revolver ou une grenade – peut-
être même les deux – à la ceinture. Il en imposait avec son aplomb et
son autorité et inspirait un tel respect que personne n'a osé se mettre
en travers de son chemin.

Ocsi m'a conduit à travers le couloir, m'a fait prendre les esca-
liers, puis sortir par la porte principale. Personne ne nous a arrêtés.
Une ambulance était garée en face de l'entrée principale et Ocsi m'a
ordonné d'y monter. Il est monté à son tour et a dit au chauffeur de
nous emmener au sanatorium Fasor, l'une des meilleures cliniques
privées de Budapest où un lit m'avait été réservé. Ce n'est que plus
tard que l'on m'a expliqué comment tout ceci était arrivé.

Le jour où Erika a appris que j'étais en vie et qu'il fallait venir
me porter secours à l'hôpital Irgalmas, Ocsi a rencontré par hasard

Popovic, notre camarade de classe serbe de l'école hôtelière où nous avions tous les trois suivi des cours l'année précédente. Ocsi et moi avions travaillé à l'hôtel Royal et Popovic, un « aryen », au Ritz. Lorsqu'Ocsi a dit à Popovic ce qui m'était arrivé, il lui a offert son aide. Il se trouve que Popovic était un administrateur au sanatorium Fasor – dont il se servait, par ailleurs, pour cacher sa petite amie juive. C'était Popovic qui avait envoyé l'ambulance pour me transférer de l'hôpital Irgalmas au sanatorium Fasor et c'était Popovic qui m'avait procuré un lit au sein de cet établissement médical privé de premier ordre.

Nous avons quitté l'hôpital Irgalmas en poussant un soupir de soulagement. Ce que nous ignorions à l'époque et que nous n'avons appris qu'au printemps 1945 – quelque trois mois après la Libération –, c'est que, si je n'avais pas été secouru, ce qui m'attendait était bien plus dangereux que la menace du soldat qui m'avait escorté depuis le club d'aviron.

En avril 1945, un prêtre catholique, le père András Kun, a été arrêté, inculpé de multiples meurtres, jugé sommairement, condamné et pendu dans la cour de la prison de la rue Maros. J'aurais souhaité y être, mais j'étais encore trop faible pour pouvoir assister à la pendaison publique. Les journaux de Budapest ont beaucoup parlé du fait que le père Kun avait commandé un groupe de *Nyilas* durant l'ère Szálasi. Ils menaient des raids dans les maisons et les institutions où ils suspectaient que des Juifs se cachaient. Avant d'exécuter ses victimes, il les forçait à creuser leurs tombes et les fusillait de manière à les y faire tomber. Lors du procès, on a apporté la preuve qu'en décembre 1944 le père Kun, revêtu de sa soutane, avec un brassard *Nyilas* et un pistolet, avait mené un raid dans l'hôpital Irgalmas avec ses soldats *Nyilas* armés. Ils avaient vérifié les papiers d'identité des patients, à la recherche de Juifs. Plusieurs n'avaient pu échapper à leur contrôle, ils les avaient arrachés de leur lit, les avaient emmenés dans le jardin de l'hôpital et forcés à creuser leurs propres tombes. Puis, sur ordre du prêtre, « au nom du Christ », les soldats les avaient exécutés.

Grâce à Erika, Ocsi, Andris, Popovic et Dieu sait quelles autres personnes, j'avais échappé à cette atrocité.

Ocsi et moi étions dans l'ambulance qui nous emmenait d'Óbuda vers Pest, de l'autre côté du Danube, roulant en direction du sanatorium Fasor, lorsque soudain nous avons ressenti un heurt violent suivi d'une secousse. L'arrêt brusque de l'ambulance nous a projetés vers l'avant. Aucun d'entre nous n'a été blessé, pas même le chauffeur. Une voiture nous avait percutés côté conducteur, au niveau de l'aile arrière. Il n'y avait pas de risque de blessure du fait de la collision, mais nous savions que si nous restions dans les parages trop longtemps, la police ne tarderait pas à venir. Ils prendraient nos noms, demanderaient des pièces d'identité et en viendraient inévitablement à nous demander qui nous étions, ce que nous faisions et où nous allions. Et si les policiers portaient un brassard *Nyilas*, nous aurions de vrais problèmes.

Sans hésiter une seconde, Ocsi a sauté de l'ambulance pour voir si nous pouvions trouver un autre véhicule. N'oublions pas que nous étions aux environs du 8 décembre, les Soviétiques n'étaient pas loin, Budapest était sur le point de devenir une zone de guerre et il y avait peu de circulation civile. La plupart des véhicules privés (et ils n'étaient pas nombreux) avaient été réquisitionnés des mois auparavant, il y avait donc très peu de circulation. Mais la chance nous a souri cette fois-ci. Dès qu'Ocsi est sorti de l'ambulance, il a vu passer une limousine militaire. Le chauffeur s'est arrêté et a obéi sans hésiter à l'ordre que lui a donné Ocsi de nous emmener, lui et moi, un soldat blessé, au sanatorium Fasor.

Lorsque nous nous sommes arrêtés devant l'entrée principale du sanatorium, Ocsi a fait valoir le fait plutôt exceptionnel que nous étions arrivés dans une grande limousine. J'attendais sur la banquette arrière de la voiture pendant qu'Ocsi allait chercher des infirmiers pour me venir en aide. Le personnel de l'hôpital a été impressionné. Une chambre individuelle m'a été attribuée au premier étage et je me suis retrouvé au lit en un rien de temps.

Un chirurgien, le Dr Doby, est entré pour m'examiner. Il a retiré le bandage de ma figure et, à ma demande, m'a tendu un miroir. Je pouvais enfin voir mes blessures pour la première fois. J'avais le visage enflé, la mâchoire qui pendait et il me manquait six dents. Il y avait un trou de chaque côté de mon menton qui était violacé. Le Dr Doby m'a dit qu'il fallait en priorité me bloquer la mâchoire avec du fil métallique car cela réduirait les fractures et permettrait aux arcades dentaires de se ressouder correctement. Ceci m'aiderait aussi à manger. Il pensait qu'une opération serait nécessaire afin de retirer les éclats osseux.

Le jour suivant, sur invitation du Dr Doby, un drôle de petit homme a fait son apparition dans ma chambre. Il s'est présenté comme étant le Dr Istvan Szenthe et m'a dit qu'il était venu réparer ma mâchoire. Le Dr Szenthe mesurait environ 1,50 mètre. Il était d'aspect négligé, avait des mèches de cheveux en bataille qui n'avaient certainement pas vu un peigne depuis des jours et il portait une espèce de salopette parce qu'il venait au travail à bicyclette. Il tenait un cartable qui avait l'air d'être une boîte à outils plutôt qu'une sacoche de médecin. En définitive, il ressemblait plus à un plombier qu'à un professeur en odontologie et en chirurgie maxillo-faciale. Malgré son apparence, le Dr Szenthe était fort sympathique, inspirait confiance et est devenu, plus tard, un de mes héros et un très bon ami.

Le Dr Szenthe pensait qu'avant de bloquer ma mâchoire avec du fil métallique, il fallait que je subisse une opération pour retirer les éclats osseux afin de prévenir une infection. Il a fixé l'opération avec le Dr Doby au lendemain. Le Dr Doby m'a opéré, assisté par le Dr Szenthe. J'étais heureux d'avoir droit à ces excellents soins médicaux. Ma seule peur était que, sous anesthésie, je ne laisse échapper ma véritable identité, des informations sur ma confrontation avec la mort ou mon origine juive. Pour l'hôpital et les médecins, j'étais György Balazs, un soldat blessé. Ne sachant pas comment ils réagiraient face à la vérité, il n'était pas question pour moi de la leur révéler.

L'opération s'est bien passée. Le Dr Doby a pratiqué une incision sur la partie inférieure de mon menton à travers laquelle il a retiré plusieurs fragments osseux et d'autres débris. Si j'ai parlé pendant mon sommeil, personne ne m'en a rien dit. Le moment était venu de bloquer ma mâchoire pour que je puisse recommencer à me nourrir. Je ne me rappelais pas m'être nourri depuis la dernière fois que j'avais mangé dans l'appartement d'Erika le 2 décembre et nous étions alors le 10 décembre. J'ai dû être nourri par intraveineuse durant tout ce temps.

Le Dr Szenthe est revenu avec sa boîte à outils qui ne contenait rien de plus sophistiqué que des fils métalliques, plusieurs paires de pinces, des miroirs dentaires et d'autres instruments. Il a attaché le fil métallique autour des dents du haut et du bas qu'il me restait, a remonté ma mâchoire inférieure, a fixé entre elles les dents du haut et du bas et m'a bloqué la bouche si bien que je ne pouvais plus du tout l'ouvrir. Il s'agissait de m'immobiliser la mâchoire pour que l'os fracturé se consolide en se déformant au minimum. Manger et parler sont devenus problématiques. Ma bouche étant complètement bloquée, j'absorbais des liquides en insérant une paille par les trous qu'avaient laissés dans ma bouche les dents manquantes. J'ai mangé le jour même. Je faisais passer de petits morceaux de pain et d'autres aliments qui n'avaient pas besoin d'être mâchés à travers les trous laissés par les dents manquantes. L'opération était douloureuse et lente et, quand j'y repense, j'avais l'impression de passer le plus clair de mon temps à manger. D'un autre côté, je n'avais rien d'autre à faire, si bien que la préoccupation de me nourrir est devenue une activité plutôt salutaire. Serrez les dents très fort et vous comprendrez ce que je veux dire par être incapable de parler. Il y avait aussi des avantages. J'avais des secrets dans la tête que je ne pouvais dévoiler à personne dans cet environnement épouvantablement hostile. Ma blessure me rappelait constamment que, dans cette société animée par la haine, les Juifs et les descendants de Juifs étaient traqués. L'incapacité de parler était un avantage pour quelqu'un qui n'avait pas d'explication valable sur la raison de sa présence – du moins pas le genre d'explication qui résisterait à l'attention d'un enquêteur *Nyilas*.

C'est alors que, dans cette atmosphère paisible, j'ai eu à subir un terrible traumatisme. Un soir, sur le coup de huit heures, j'ai entendu le bruit désormais familier qui annonçait un raid : le claquement de bottes des *Nyilas* descendant le couloir de l'hôpital. Ils frappaient aux portes en criant : « *Razzia !* » La procédure se répétait de chambre en chambre. Le souvenir des horreurs auxquelles j'avais survécu de justesse à peine deux semaines auparavant est revenu me tourmenter de plus belle. L'accumulation de stress des derniers jours, mêlée à l'impuissance totale face à l'attente d'une nouvelle arrestation par les *Nyilas*, m'ont mené au bout de mes forces. Par miracle, ils ont évité ma chambre. Je ne saurai jamais s'ils passaient systématiquement dans chaque chambre ou se contentaient de faire des recherches ici et là. Peut-être l'administrateur du sanatorium qui accompagnait les *Nyilas* dans le couloir les a-t-il éloignés délibérément de ma chambre. Encore une fois, je ne le saurai jamais. Je me rappelle seulement avoir vécu une sorte d'effondrement émotionnel total et avoir dormi jusqu'au lendemain midi.

Si l'administrateur avait éloigné les *Nyilas* de ma chambre, pourquoi l'avait-il fait ? Il croyait peut-être que j'étais un soldat blessé, auquel cas je n'étais pas le genre de personne qu'ils recherchaient. Il se peut aussi qu'il ait suspecté que j'étais en cavale et ait essayé de m'aider, ou bien que Popovic lui ait dit la vérité et lui ait demandé de m'aider. Peut-être l'administrateur a-t-il voulu éviter les effusions de sang dans ses locaux. Ou bien peut-être a-t-il eu peur que, si les *Nyilas* me découvraient caché dans le sanatorium, lui qui était responsable des admissions serait accusé de m'avoir donné l'asile – un crime passible de la peine capitale durant l'ère Szálasi. D'ailleurs, après la Libération, j'ai entendu parler du sort du malheureux concierge de l'immeuble dans lequel j'avais été arrêté le 2 décembre. Apparemment, les *Nyilas* y étaient retournés le lendemain matin, l'avaient accusé d'avoir donné asile aux Juifs qu'ils avaient emportés la nuit précédente et les avaient sommairement exécutés, sa femme et lui. Je ne sais pas ce qu'il en était des autres personnes avec lesquelles j'avais été capturé, mais pour ma part je n'avais jamais rencontré le pauvre concierge et il ne se doutait absolument pas que je me cachais dans l'immeuble. Par chance, Erika, Ocsi et Andris avaient échappé à des représailles parce qu'Erika avait décidé de changer d'appartement dès le retour d'Ocsi. Quelle bonne intuition avaient-ils tous eue !

Je suis resté au sanatorium Fasor jusqu'aux environs de Noël 1944. J'avais une magnifique chambre privée, de bons soins médicaux, de la nourriture adaptée à mes besoins (pour l'essentiel, des liquides ou des solides que je pouvais avaler sans mâcher) et des infirmières pour veiller à mon bien-être. Puis, pour des raisons dont je ne parviens malheureusement pas à me souvenir, il m'a fallu quitter le sanatorium. Je n'avais nulle part où aller et la situation dans la rue empirait de jour en jour. J'ai appris par le journal des *Nyilas* qui m'était apporté presque tous les jours, que des raids avaient lieu partout en ville. J'ai entendu parler de pendaisons de Juifs sur *Szabadság tér* (la place de la Liberté), à proximité de notre appartement de la rue Hold, et d'autres atrocités encore.

Je suis sûr que je n'aurais pas quitté cet environnement protégé de mon plein gré. Le sanatorium a dû m'aviser que mon cas ne représentait plus une urgence médicale et qu'on avait besoin de mon lit pour d'autres patients. Lorsque le Dr Szenthe est venu me voir le lendemain matin, je lui ai dit que je devais partir et je lui ai demandé de retirer les fils métalliques de mes dents pour que je puisse manger par moi-même. Je lui ai dit que je n'étais pas un soldat blessé, mais un fugitif. Je m'étais enfui d'un camp de travail forcé et je lui ai expliqué comment j'avais reçu les blessures qu'il traitait. Le médecin a fait preuve d'une grande gentillesse et s'est montré fort sympathique. Il ne m'a pas retiré les fils, mais il m'a dit que, s'il fallait vraiment que je parte, je devais me rendre à sa clinique où il modifierait les attaches pour me permettre de manger. Il espérait que je trouverais un endroit où aller, mais m'a dit que si je ne parvenais à trouver de lieu sûr, il me permettrait, en dernier recours, de me cacher dans son sous-sol.

Le Dr Szenthe était très religieux. Peu après que je lui ai révélé la vérité sur ma situation, il m'a apporté une Bible que je lisais chaque jour pendant des heures. Me concentrer pour lire la Bible était comme une évasion qui s'est avérée avoir des vertus thérapeutiques dans ma situation de grand stress. En outre, à l'exception du journal *Nyilas* officiel, je n'avais rien d'autre à lire et j'aurais probablement lu le bottin pour me distraire de mes problèmes d'alors. J'étais en train de lire cette Bible le jour où Erika est venue me voir et elle en a conclu à tort que j'avais dû devenir religieux.

Avec l'aide d'Erika, j'ai quitté le sanatorium l'avant-veille de Noël. Nous sommes tous les deux allés à la clinique dentaire du Dr Szenthe pour que je me fasse modifier les attaches et pour résoudre la question de savoir où j'irais vivre. Même si je ne doutais pas de la sincérité du Dr Szenthe lorsqu'il avait proposé comme ultime recours de me cacher dans son sous-sol, cette entreprise extrêmement risquée aurait mis toute sa famille en danger.

Les Szenthe habitaient un 12 pièces sur le *Múzeum körút* (boulevard du Musée) que le Dr Szenthe avait hérité de son père. Comme il se doit, il y avait des concierges malveillants et peu fiables dont on pouvait douter de la loyauté vis-à-vis de leur employeur. D'autres problèmes se posaient. Le Dr Szenthe avait trois enfants en bas âge et sa femme en attendait un quatrième. Je suis sûr que sa femme, une pédiatre, n'aurait pas aimé la perspective d'un raid *Nyilas* durant lequel ils auraient pu me trouver caché dans le sous-sol et peut-être même trouver de la nourriture non loin, preuve que les Szenthe avaient contribué à ma survie. Ils pouvaient tous être tués pour avoir donné asile à un Juif. Après avoir réfléchi à tous ces problèmes durant l'après-midi qu'il a passée à s'occuper de moi dans sa clinique, le Dr Szenthe a décidé de faire pression sur ses collègues du sanatorium Fasor (dont le Dr Doby) pour qu'ils me reprennent.

Il a réussi à jouer de son influence et je suis retourné au sanatorium après avoir longtemps erré dans les rues obscures (un couvre-feu strict ayant déjà été mis en place). J'ai été très bien reçu par le même administrateur qui m'avait accueilli précédemment. Cette fois, il m'a attribué un lit dans une chambre que je devais partager avec quatre autres patients. Je me souviens du soulagement que j'ai ressenti d'être de retour dans cette institution de premier ordre, de ne plus avoir besoin de chercher un autre endroit où me cacher.

Il y avait toutefois un problème. L'un des lits était occupé par un officier *Nyilas* de haut rang du ministère de l'Intérieur – le ministère qui organisait les déportations de Juifs et supervisait les fanatiques qui procédaient aux raids et aux exécutions. En fait, cet homme s'était fait un nom dans le parti *Nyilas* plusieurs années auparavant en bombardant la synagogue de la rue Dohány[4], la plus importante synagogue de Budapest, tuant plusieurs personnes et causant de grands dommages matériels.

En dépit de cette proximité effrayante, rien de vraiment déplaisant ne s'est produit. Pour me protéger, j'ai profité du fait que mes dents étaient de toute évidence bloquées et ma mâchoire pansée pour faire comprendre que je n'étais pas en mesure de parler. Si vous ne pouvez pas parler, vos compagnons de chambre ne vous posent pas de questions et vous n'avez pas à trouver de réponses. C'était une solution logique et pratique au problème.

Je suis retourné au sanatorium le 23 décembre. Le siège de Budapest a commencé le lendemain. L'armée soviétique encerclait la ville. Certains quartiers sont tombés sans opposer beaucoup de résistance. Dans d'autres, des combats de rue ont eu lieu et les pertes humaines ont été stupéfiantes. L'armée allemande s'est enfuie, laissant la défense de la ville aux troupes de Szálasi. Les Allemands ont traversé le Danube et, pour mettre de la distance entre eux et les Soviétiques, ont fait exploser tous en même temps les ponts enjambant le fleuve. À l'époque nous n'avions pas compris ce que c'était, mais l'explosion a pu être entendue jusqu'au sanatorium Fasor, situé à des kilomètres du fleuve.

---

4 La synagogue Dohány d'origine a été bombardée par le parti pro-nazi des Croix-Fléchées en février 1939. Voir le glossaire pour plus d'informations.

J'ai vécu dans le sanatorium tout le temps qu'a duré le siège. Je restais la plupart du temps dans ma chambre. Parfois on nous ordonnait de nous rendre au refuge anti-aérien et tout le monde obéissait. Je n'avais pas peur des bombes et, de ce fait, je n'étais jamais anxieux à l'idée de me rendre dans le refuge. Les bombes me semblaient si démocratiques : elles pouvaient toucher n'importe qui sans distinction de race. Les troupes soviétiques sont finalement arrivées au sanatorium le 18 janvier 1945 au matin et nous avons été libérés. Nous avons connu une joie immense ce jour-là. La période traumatisante était passée. Il y aurait encore beaucoup de traumatismes à venir, mais, ce jour-là, je ne pouvais m'inquiéter du futur. Le soulagement d'avoir survécu à la terreur *Nyilas* prévalait.

Quelques heures après la libération de notre secteur, mon frère Jancsi a fait son apparition dans ma chambre. Il était venu me chercher pour m'emmener à la maison. Il m'a appris que notre mère avait été arrêtée avec tous ceux qui habitaient dans notre appartement de la rue Hold et conduite au ghetto pour y être exterminée. Ils avaient survécu dans des conditions affreuses, conscients tout au long de leur incarcération que leur mort était programmée. C'était une course désespérée contre la montre. Heureusement pour moi, malgré le nombre effroyablement élevé de personnes mortes de faim, de dysenterie et de diverses maladies causées entre autres par le stress et l'insalubrité, la plupart des membres de ma famille immédiate avaient survécu. Excepté mon père. Comme nous l'avons appris plus tard, son camp de travail avait été déporté beaucoup plus tôt que celui dans lequel je me trouvais. À la mi-novembre 1944, alors que j'étais encore dans le camp de travail à Budapest, il m'avait écrit une lettre de Hegyeshalom, une ville située à la frontière austro-hongroise. Il m'informait qu'il s'apprêtait à passer en Autriche. Je ne pense pas qu'il s'attendait à en revenir. Il me demandait de prendre soin de maman.

En mai 1945, peu après la fin de la guerre en Europe, un homme rescapé du même camp que mon père et d'une maigreur extrême est revenu à Budapest. Il m'a raconté qu'ils participaient à une marche de la mort en direction de l'Autriche lorsqu'une rumeur s'est répandue selon laquelle une fille avait été violée dans le village autrichien qu'ils traversaient. En représailles, les soldats allemands avaient abattu plusieurs travailleurs forcés, dont mon père. L'homme, qui était ami avec mon père, m'a dit qu'il avait été témoin de l'exécution. Il s'était baissé pour lui retirer son alliance, avec l'intention de la remettre un jour à ma mère, mais un soldat allemand avait menacé de l'abattre s'il ne renonçait pas à son idée.

Jancsi et moi avons quitté le sanatorium. Nous avons marché jusqu'au ghetto désormais libéré où nous attendaient ma mère, son frère et les personnes avec lesquelles elle partageait son misérable appartement. Beaucoup de larmes ont coulé lors de nos retrouvailles. Bien sûr, ma mère a été affligée à la vue de mon visage pansé et lorsque j'ai raconté dans les grandes lignes ce qui m'était arrivé. Malgré tout, nous étions profondément soulagés et, à l'exception de mon père dont nous ne connaissions pas le sort à l'époque, nous avions tous survécu et étions tous enfin réunis.

Deuxième partie
Émigration

Pour moi, l'émigration a commencé le lendemain de la libération par les Soviétiques. Je me rappelle les émotions contradictoires qui m'ont envahi durant les jours qui ont suivi la libération. Je ressentais le bonheur d'être en vie et de constater que la majeure partie de ma famille avait survécu aux horreurs nazies. Je ne savais pas encore ce qu'il était advenu de mon père, mais nous étions tous optimistes. Comment ne pas l'être ? J'avais le sentiment que le plus dur était passé, que les choses iraient en s'améliorant. Rien ne pouvait être pire que les persécutions humiliantes et dégradantes que nous avions endurées. J'en retirais un vif sentiment d'optimisme qui dominait ma vie.

L'autre sentiment était tout aussi intense, mais foncièrement négatif. Il consistait en une haine intense et irrémédiable envers mes concitoyens. Les Hongrois avaient montré leur vrai visage. Ils n'étaient pas seulement la première nation européenne à avoir ouvertement suivi les théories politiques de Hitler, mais les Hongrois avaient fait de leur mieux pour l'emporter sur Hitler dans leur adhésion à son diktat extrémiste et surpasser sa haine des Juifs. Tout me rappelait la manière dont j'avais été personnellement traité. Jamais je n'oublierai que, dans les phases finales de la guerre, les Hongrois avaient donné priorité à l'extermination de leurs propres concitoyens juifs plutôt qu'au combat contre les Soviétiques qui envahissaient leur pays. Je ne souhaitais plus vivre parmi ces gens-là.

Je voulais aller en Amérique, mais il était pratiquement impossible de mener à bien un projet si ambitieux. J'étais malade et faible et j'avais d'autres problèmes à régler avant même de pouvoir songer à explorer d'éventuels moyens d'émigrer. Les blessures que j'avais à la mâchoire commençaient à secréter du pus des deux côtés, peut-être du fait de la fragmentation de parties osseuses et il fallait que mes dents soient soignées et remplacées.

Seule une des six pièces que comptait notre appartement avait encore les fenêtres intactes. C'était en janvier, durant un hiver particulièrement froid. Nous étions douze à habiter dans cette petite pièce qui ne comptait que deux lits. Des matelas disposés à même le sol qu'ils couvraient entièrement permettaient de coucher dix personnes. Le froid avait du bon et du mauvais. Le bois de chauffage était rare et personne ne savait combien de temps les provisions dureraient, ni même si un réapprovisionnement était possible. Mais dans la période suivant le siège, des cadavres d'hommes et de chevaux jonchaient le sol et leur décomposition aurait pu causer une grave épidémie s'il n'avait pas fait si froid.

Il nous fallait trouver les moyens de subvenir à nos besoins puisque nous avions tout perdu. Nous n'avions pas d'économies et même si nous en avions eu, l'argent n'avait aucune valeur dans le système de troc de l'immédiat après-guerre. Si vous aviez la chance d'avoir retrouvé quelques bijoux cachés, vous preniez une bague, vous sortiez dans la rue où vous tentiez de la troquer contre un sac de farine. Vous espériez aussi que l'autre partie de la transaction ne vous trompe pas sur la marchandise et enfin qu'on ne vous la vole pas sur le trajet du retour. Cette expérience m'a permis de comprendre la raison pour laquelle les sociétés primitives ont renoncé au système de troc en faveur d'une unité d'échange, que ce soit le sel, la dent de morse, ou toute autre chose pouvant au moins être mesurée, échangée ou subdivisée en unités. De temps à autre, je repense à cette période quand, au Canada, j'achète quelque chose à 1,95 $ et reçois la monnaie sur 2 $.

De nombreux problèmes quotidiens m'empêchaient de penser à émigrer. Nous avions tous à nous préoccuper des choses de base :

trouver assez de nourriture pour la famille et les amis qui habitaient dans notre appartement, nous procurer du fioul pour le chauffage, faire la cuisine et la vaisselle, obtenir du savon, du papier toilette et la myriade d'objets de première nécessité de la vie quotidienne qu'on prend généralement pour acquis.

Finalement, même si la vie n'était pas exactement revenue à la normale, du moins était-elle redevenue gérable. La température s'est adoucie. Le Parti communiste, qui dirigeait le pays, confisquait la nourriture aux fermiers et l'apportait en ville[1]. Aux coins des rues sont apparus des camions distribuant des pommes de terre à qui en voulait. Mon oncle Feri, qui habitait avec nous et continuerait d'habiter avec nous durant les dix années qui ont suivi, a découvert que ses lapins angoras avaient survécu à la guerre. Nous les avons tous mangés. Des amis nous ont rapporté quelques valises de vêtements que ma mère leur avait confiées alors qu'elle était sur le point d'être expulsée de chez elle par les nazis.

Les fenêtres de l'appartement ont été réparées et nous avons pu nous disperser et occuper les autres pièces. Nous recevions du courrier de membres de la famille vivant à l'étranger qui étaient très inquiets et voulaient savoir qui d'entre nous avait survécu. Nos amis les Kormendi nous ont écrit de Londres et se sont arrangés pour nous faire parvenir 500£ à Budapest. À cette époque, une livre anglaise valait cinq dollars américains, donc 500£ représentaient une fortune. Mais il y a eu un problème. Au moment où l'argent est arrivé, des rumeurs commençaient à circuler dans le pays selon lesquelles les Allemands se servaient des détenus des camps de concentration pour imprimer de fausses livres anglaises par millions. Ces contrefaçons étaient apparemment de si grande qualité qu'il était impossible de

---

1 Après la libération de la Hongrie par l'Armée rouge soviétique, le Parti communiste hongrois a rapidement consolidé son autorité politique et éliminé les autres partis politiques. Voir le glossaire pour plus d'informations.

les distinguer des billets de banque émis par la Banque d'Angleterre. La rumeur a bientôt fait déprécier la valeur de la livre sur le marché noir et, à l'époque où nous avons essayé de la vendre, elle s'échangeait à valeur égale avec le dollar américain. Lorsqu'on est poussé par le besoin, on devient moins regardant. Nous avons échangé nos 500£ contre 500$ et nous nous sommes estimés heureux.

La joie faisait souvent place à la tristesse durant cette période. Des amis venaient tous les jours à l'appartement. Ils nous faisaient le récit terrifiant de leur expérience et nous nous réjouissions qu'ils soient encore en vie. Mais nous recevions aussi des nouvelles d'amis et de parents qui n'avaient pas réussi à survivre, de personnes désemparées, désorientées et totalement démunies face au nouvel ordre mondial.

Les retrouvailles les plus heureuses pour moi ont eu lieu en février, le jour où Erika, Ocsi et Andris sont arrivés à l'improviste et où nous avons été tous les quatre de nouveau réunis. Je m'étais beaucoup inquiété à leur sujet depuis la dernière fois que je les avais vus dans la clinique du Dr Szenthe, la veille de Noël. J'avais parfaitement conscience des dangers auxquels ils avaient été exposés et j'étais resté sans nouvelles depuis deux mois. Aujourd'hui, 50 ans après, j'en ai les larmes aux yeux alors que j'écris ces lignes et je ressens encore dans toute son intensité l'émotion de nos premières retrouvailles d'après-guerre. Submergés de sentiments profonds et chaleureux où se mêlaient amour et amitié, nous nous sommes embrassés et nous avons fait le récit de nos expériences. Cette rencontre a été un très beau moment de ma vie que jamais je n'oublierai.

En mai 1945, je me sentais assez bien pour me mettre en quête de travail. La Mission militaire américaine était arrivée depuis peu à Budapest. Le général américain qui était à la tête de la Mission, ainsi qu'un certain nombre d'officiers de haut rang, occupaient plusieurs villas chic, entièrement rénovées, dans le *Városliget* (le parc de la ville). Avec mon diplôme de l'école hôtelière (j'avais tout au plus assisté aux cours) et mon excellente connaissance de l'anglais, j'ai rapidement obtenu un poste comme assistant du chef cuisinier dans la villa du général. Le travail manquait d'intérêt et le salaire était minime, mais les avantages en nature compensaient largement. Le général organisait des réceptions grandioses où l'on faisait bombance. Ce qui n'était pas consommé par le général et ses invités était redistribué aux employés de cuisine qui ramenaient ces victuailles chez eux pour leurs familles.

Peu après, Peter Fargo a obtenu un poste de pâtissier dans l'hôtel que fréquentaient les simples soldats américains. L'hôtel se trouvait à proximité de l'immeuble du Parlement, près de chez moi. Avec l'aide de Peter, j'ai quitté mon poste mirifique d'aide-cuisinier dans la villa du général pour devenir réceptionniste à l'hôtel américain. Là encore, la paye était minime, mais les avantages en nature étaient encore meilleurs que dans la villa du général. À cette époque, Budapest semblait regorger de propriétaires d'appareils-photos de luxe à la recherche d'acquéreurs. Ces jeunes Américains – qui faisaient figure de nantis avec leur solde de sergents – s'empressaient de les acheter. J'ai donc répondu à un besoin en me faisant l'intermédiaire entre les acheteurs et les vendeurs. Des personnes, dont beaucoup m'étaient étrangères, venaient à l'hôtel et me confiaient leur appareil-photo en m'indiquant le prix auquel elles acceptaient de le céder. Je montrais les appareils-photos aux soldats et lorsqu'ils en achetaient un, j'étais rémunéré en fonction de l'accord que j'avais conclu avec le vendeur : soit je recevais une commission sur le prix de vente, soit je conservais la différence de prix avec le prix stipulé.

Une fois ma réputation d'intermédiaire bien établie, ce commerce est devenu lucratif. Ma réussite m'a aussi permis de penser de manière plus sérieuse à émigrer. Si je gagnais assez d'argent, je pourrais donner un montant conséquent à ma mère pour qu'elle puisse continuer de vivre, ce qui soulagerait ma conscience et diminuerait la culpabilité que je ressentais à la laisser derrière moi. Je ne savais toujours pas comment quitter la Hongrie, ni où aller, mais, à l'automne 1945, une série d'événements m'a donné l'élan nécessaire.

～

György Brachfeld, qui s'appelait désormais George Brackley, avait été pendant de nombreuses années un ami de mon père qui l'avait rencontré au club d'aviron. Ils étaient plus concurrents qu'amis car tous deux aspiraient à devenir président du club d'aviron. Au fil des mandats, mon père avait conservé son poste de président et George lui en avait gardé rancune. À ma connaissance, il n'était jamais venu chez nous bien que mes parents aient été très accueillants et aient reçu fréquemment. Je pense que l'Holocauste a amené les gens à reconsidérer leurs valeurs et les a aidés à relativiser leurs jugements.

Par conséquent, lorsque George a appris que mon père était mort, il est venu nous présenter ses condoléances. George avait survécu au calvaire d'un camp de concentration en Autriche. Et, après sa libération par les Américains, plutôt que de rentrer chez lui à Budapest, il est allé à Linz, s'est déclaré apatride et est devenu l'une des premières « personnes déplacées ». George m'a parlé de la situation des personnes déplacées dans la zone d'occupation américaine en Autriche. C'était complètement nouveau pour nous qui n'avions jamais entendu le terme auparavant. Je suppose que cette information, comme tant d'autres, avait dû être censurée par l'occupant soviétique. George nous a dit qu'il habitait un appartement dans un grand ensemble appelé Bindermichl, en banlieue de Linz. Les forces d'occupation américaines avaient confisqué ce complexe de logements sociaux à la ville de Linz et l'avaient transformé en camp pour personnes déplacées.

Les personnes déplacées étaient des individus que la guerre avait expatriés et qui venaient pour la plupart des pays d'Europe de l'Est. Beaucoup étaient des Juifs rescapés de l'Holocauste qui refusaient de rentrer dans leur pays d'origine. Ils savaient que leurs familles avaient péri dans des camps de concentration et ne souhaitaient pas continuer de vivre parmi ceux qui avaient, de manière si délibérée, aidé les Allemands à les persécuter.

Parmi les personnes déplacées il n'y avait pas seulement d'innocentes victimes de guerre. Des centaines de milliers d'entre elles étaient des *Volksdeutsche* (Allemands de souche) appartenant à l'autre côté du spectre politique. Il s'agissait entre autres de Hongrois, de Tchèques, de Polonais, de Roumains, tous d'origine allemande mais dont les ancêtres avaient vécu depuis des siècles dans des pays d'accueil où ils étaient intégrés non comme Allemands mais comme citoyens à part entière. À son arrivée au pouvoir, Hitler avait réveillé le nationalisme allemand chez ces individus. Ils s'étaient ralliés aux vainqueurs présumés et s'étaient déclarés citoyens allemands, poussant jusqu'à germaniser leurs noms. Ils avaient agi comme une cinquième colonne du IIIe Reich. Lorsque les Allemands avaient finalement occupé ces pays, des milliers de jeunes *Volksdeutsche* avaient rejoint les SS pour perpétrer les actes les plus atroces ordonnés par Hitler. Après la défaite des Allemands à Stalingrad et l'avancée des Soviétiques en Europe de l'Est, ces *Volksdeutsche* avaient fui leurs patries avec l'armée allemande qui battait en retraite. Après la guerre, ces gens s'étaient déclarés apatrides et avaient formé leurs propres camps de personnes déplacées. Il était vrai qu'ils ne pouvaient rentrer chez eux sans courir de risques, mais pour des raisons différentes. Ils redoutaient qu'en regagnant leurs pays d'origine, leurs compatriotes ou l'occupant soviétique ne les accusent d'avoir collaboré avec les Allemands.

Selon George Brackley, les pays de l'Ouest étaient sensibles au sort des apatrides qui erraient entre l'Autriche et l'Allemagne. C'est pourquoi les Nations Unies nouvellement créées et les États-Unis avaient décidé d'installer autant de personnes déplacées que possible en Amérique du Nord, en Amérique du Sud, en Australie et ailleurs. C'était la nouvelle que j'attendais. J'étais galvanisé. Mais que faire pour obtenir le statut de personne déplacée? George m'a dit qu'il ne pouvait pas me faire venir à Linz, dans la zone d'occupation américaine en Autriche. Il m'a toutefois promis que, si je parvenais à m'y rendre, il m'aiderait à devenir une personne déplacée et à me trouver un endroit où vivre dans le complexe d'habitations de Bindermichl. À partir de ce jour-là, mon avenir était tout tracé. J'avais trouvé le moyen d'émigrer. D'abord je deviendrais une personne déplacée, puis j'émigrerais, de préférence en Amérique, ou ailleurs s'il le fallait, pourvu que ce soit aussi loin que possible de mon pays d'origine. Il me fallait agir vite, tant que durerait cette bienveillance envers les victimes apatrides de cette horrible guerre.

~

Maintenant que j'avais une voie à suivre, il ne me restait plus qu'à trouver un moyen de m'y rendre. C'est de nouveau un des amis de mon père qui m'est venu en aide, ou plus précisément deux d'entre eux : les frères Szucs. Il s'agissait de vrais jumeaux, avocats d'affaires et amis de très longue date de mon père et du même âge que lui. Ils étaient juifs et avaient servi en tant qu'officiers décorés de l'armée hongroise durant la Première Guerre mondiale. Comme beaucoup d'entre nous en 1944, ils avaient décidé que, au moment où les déportations commenceraient, ils essaieraient de s'échapper et de se cacher. Ils avaient conservé leurs uniformes de capitaines de la Première Guerre mondiale qui leur avaient servi de couverture tout au long de l'ère Szálasi. Tous deux avaient survécu à la terreur nazie. Ils n'avaient jamais été interpellés alors qu'ils vaquaient à leurs affaires en toute impunité, vêtus de leurs uniformes d'officiers hongrois. Mais par la suite, pendant le siège de Budapest, au beau milieu des combats urbains où les Allemands et les Soviétiques passaient de bâtiment en bâtiment, la maison dans laquelle les Szucs se cachaient a été prise par les Soviétiques. Mes amis n'avaient aucun moyen de savoir si le prochain soldat qui passerait la porte d'entrée serait un Allemand – aux yeux duquel il fallait qu'ils passent pour des officiers hongrois – ou un Soviétique – auquel cas la tenue de civil était essentielle. Ils portaient malheureusement leur uniforme militaire lorsque des soldats russes sont apparus à leur porte. Ils ont été faits prisonniers et, quelques heures plus tard, les soldats soviétiques les ont conduits dans leur quartier général. Peu après, ils ont été emmenés en URSS en tant que prisonniers de guerre et ont abouti dans un camp de travaux forcés sur les îles Solovetsky, dans la mer Blanche, au nord de la Russie. Lorsqu'enfin ils ont pu justifier de leur identité, ils ont été relâchés. Ils avaient pu prouver aux Soviétiques qu'ils n'avaient rien eu à voir avec l'armée hongroise depuis 1918. Ils étaient néanmoins restés en captivité soviétique pendant dix mois et avaient enduré de terribles épreuves.

De retour d'Union soviétique, les frères Szucs sont arrivés à Budapest vers la fin du mois d'octobre 1945. Leur appartement avait été bombardé ou réquisitionné par des dirigeants communistes. Ils sont venus s'installer chez nous avec leur tante qui avait elle aussi survécu à la guerre. Nous avons donné notre salle de séjour aux jumeaux et installé leur tante dans le cabinet dentaire de mon grand-père. Mon grand-père paternel, qui était veuf, avait vécu avec mes parents et travaillé comme dentiste dans leur appartement jusqu'à ma naissance. Il était mort durant le siège de Budapest. La pièce qui lui servait à la fois de cabinet dentaire et de chambre était donc disponible pour la tante. Nous avons appris plus tard que mon grand-père s'était retrouvé séparé de ma mère quand les soldats de Szálasi les avaient conduits dans le ghetto. Il avait 80 ans et ne pouvait se débrouiller seul. Il est mort de faim et a probablement été enterré dans une fosse commune.

Leur calvaire en camp de travail avait laissé aux frères Szucs des séquelles psychologiques, mais ils n'avaient pas été trop affectés physiquement. Après une brève période de récupération, tous deux ont obtenu des postes de cadres et ont repris leur vie. L'un des jumeaux, Geza, a pris la tête du *Joint Distribution Committee* en Hongrie (une vaste organisation humanitaire juive américaine qui œuvrait en Europe) et l'autre, József, a aussi participé au travail de secours et de réinsertion au sein de la communauté juive. Comme nous habitions tous ensemble, nous avons eu de nombreuses occasions de parler de mon souhait ou, plus exactement, de mon obsession d'émigrer.

Le rideau de fer n'avait pas encore été consolidé à l'automne 1945, mais il était quand même interdit de quitter le pays sans autorisation[2].

---

2 Le rideau de fer était une barrière à la fois physique et symbolique qui séparait l'Europe sous influence soviétique des pays d'Europe de l'Ouest qui n'étaient pas sous contrôle soviétique. Voir le glossaire pour plus d'informations.

Ces permis étaient rarement, voire jamais, accordés et franchir illégalement la frontière était très dangereux. On entendait souvent parler de personnes tuées ou envoyées en prison pour avoir essayé de quitter le pays illégalement. Les jumeaux ont promis de m'aider à trouver un moyen sûr de quitter la Hongrie et de me faire entrer dans la zone américaine en Autriche.

Vers la fin du mois de novembre 1945, Geza Szucs est rentré un soir et nous a annoncé que plusieurs *Aliyot* (transports sionistes en direction de la Palestine[3]) étaient prévus pour février. Il pensait qu'il pourrait faire jouer son influence pour que je participe à l'un de ces transports. La discrétion était de rigueur et il était convenu que nous ne discuterions pas des arrangements qui étaient illégaux et dangereux. La loi interdisait de quitter la Hongrie sans autorisation. Les Soviétiques occupaient la partie est de l'Autriche, attenante à la frontière hongroise et il ne suffisait donc pas de traverser la frontière austro-hongroise. Pour aller à Linz, il fallait aussi traverser illégalement la ligne de démarcation soviéto-américaine. Finalement, les transports pour la Palestine ont été fixés au printemps 1946. C'était l'époque de l' *Exodus*[4], alors que la Palestine était encore sous mandat britannique et que l'immigration juive était strictement interdite.

En raison du caractère illégal des transports d'*Aliyah*, ceux qui y participaient risquaient de lourdes peines de la part des autorités hongroises et soviétiques mais aussi britanniques. Il y avait, cependant, une autre raison d'être discret : les Juifs eux-mêmes. Les trans-

---

3 *Aliyah*, pluriel *Aliyot*. Fait référence au retour des Juifs vers leur terre ancestrale en Israël. Durant la Deuxième Guerre mondiale et immédiatement après, des groupes sionistes ont travaillé à permettre le passage de réfugiés juifs vers leur patrie, sous mandat britannique à l'époque. Voir le glossaire pour plus d'informations.

4 En 1947, l'armée britannique a eu recours à la force pour empêcher le bateau appelé *Exodus* qui transportait des réfugiés juifs venus d'Europe d'atteindre les côtes de la Palestine alors sous mandat britannique. Voir le glossaire pour plus d'informations.

ports étaient organisés et financés par des organisations sionistes. Elles voulaient réaliser le rêve sioniste d'une patrie en Palestine pour les Juifs du monde entier qui désiraient leur propre pays et se prémunir contre l'antisémitisme. Ils voulaient aussi apporter leur aide aux survivants de l'Holocauste désireux de s'installer en Palestine. Étant sionistes, ils n'auraient jamais souhaité aider des gens comme moi à se rendre en Amérique. S'ils avaient su que je n'avais nullement l'intention d'immigrer en Palestine, ils m'auraient certainement refusé toute aide et exclu de l'*Aliyah*.

J'ai demandé à Geza Szucs s'il pouvait faire jouer son influence pour inclure Peter Fargo dans l'opération et il a accepté. Peter était débrouillard. Nous étions très amis et je me sentais plus à l'aise de partager cette aventure avec lui plutôt que de me lancer seul dans l'inconnu. Nous étions très enthousiastes à la perspective d'émigrer. Nous n'avions aucune idée de la manière dont nous échapperions à nos bienfaiteurs mais nous avons décidé de ne pas trop nous en inquiéter. Nous devions tout d'abord atteindre la zone américaine en Autriche. Ensuite, nous nous sentions assez expérimentés pour savoir reconnaître le moment et les moyens opportuns pour nous enfuir. Enfin, nous pourrions faire confiance à George Brackley qui nous avait promis de nous aider à obtenir le statut de personnes déplacées si nous pouvions nous rendre à Linz.

Nous avons donc attendu et nous nous sommes préparés. Sans trahir aucun secret, j'ai eu de nombreuses discussions avec des amis à propos du passage de la frontière et de la façon de se rendre dans la zone américaine en Autriche. Il était évident qu'à mesure que les communistes renforceraient leur pouvoir, il serait de plus en plus difficile de partir. À l'époque, nous n'avions pas encore entendu l'expression « rideau de fer ». C'est six mois plus tard que Winston Churchill allait la forger à l'occasion d'un discours prononcé à l'Université de Fulton, dans le Missouri. Néanmoins, il était évident pour la plupart des observateurs que les frontières de la Hongrie et des autres pays alliés à l'URSS deviendraient plus étanches à l'avenir et qu'il fallait profiter du chaos ambiant. J'étais conscient que chaque jour qui passait rendait notre départ plus difficile.

En dépit de toutes les raisons incitant au départ, la plupart des jeunes que je connaissais voulaient rester. Beaucoup avaient le sentiment que l'essentiel était d'avoir survécu à la terreur nazie. La vie n'était pas formidable, mais elle s'améliorerait et beaucoup n'avaient pas la force de s'exposer à de nouveaux dangers. Telles étaient les pensées que partageaient mes amis. J'étais conscient du risque que je prenais en partant illégalement, mais je voyais un danger bien plus grand à rester en Hongrie et à endurer une oppression qui pourrait durer toute une vie. Erika et Ocsi faisaient exception. Ils s'accordaient à penser que si Peter et moi trouvions une filière fiable, ils viendraient en Autriche. Et c'est ce qu'ils ont fait.

Il est intéressant d'observer que, dix ans plus tard, après la révolution hongroise[5], la même inertie a prévalu. Un grand nombre de personnes affirmaient durant la terreur stalinienne qu'ils quitteraient le pays dès que l'opportunité se présenterait. Lorsque les frontières se sont enfin ouvertes pour une courte période durant la révolution, des milliers de personnes sont parties, mais les réfugiés de 1956 ne représentaient qu'un faible pourcentage de la population. Aucun chiffre n'est disponible, mais je suis sûr que pas plus d'1% de ceux qui prétendaient partir si l'occasion se présentait l'ont fait[6].

Peu avant Noël 1945, Geza Szucs nous a informés, Peter et moi, qu'il avait pu nous inclure dans un transport qui quitterait Budapest le 10 février 1946. Hé bien ! Je me rappelle les émotions contradictoires qu'a éveillées en moi la nouvelle de cette date butoir. Nous partions en Amérique pour y commencer une nouvelle vie, libérés des brimades

---

5   À l'automne 1956, une manifestation étudiante a éclaté, s'est répandue comme une traînée de poudre puis s'est transformée en une révolte de masse, spontanée, mais finalement tenue en échec par la domination soviétique de la Hongrie. Voir le glossaire pour plus d'informations.

6   En 1956, 200 000 Hongrois environ ont fui la Hongrie pour se rendre à l'Ouest.

que nous avions endurées alors que j'étais adolescent et qui s'étaient intensifiées jusqu'aux atrocités des quatre ou cinq dernières années. L'autre émotion, même s'il ne s'agissait pas exactement de peur, était une forme d'inquiétude face à l'inconnu. Y parviendrions-nous ? Et si nous étions arrêtés à l'une des deux frontières que nous avions à traverser ? À quel genre de sanction devions-nous nous attendre ? Nous abattraient-ils ou se contenteraient-ils de nous renvoyer chez nous ? Et même si nous y parvenions, à quoi ressemblait la vie d'une personne déplacée ? En définitive, aurions-nous gaspillé beaucoup de temps ou cette piste non explorée nous conduirait-elle en Amérique, le pays de toutes les chances ? Malgré le grand nombre de questions, je me rappelle clairement que pour moi, partir ne faisait aucun doute. Il s'agissait d'une occasion que je ne pouvais laisser passer.

Au début, lorsque j'avais pour la première fois décidé d'émigrer peu après notre libération, j'avais le sentiment qu'il n'était pas juste, ni même possible, de laisser ma mère seule. La lettre que mon père m'avait écrite depuis la frontière peu avant qu'il ne soit emmené en direction d'un camp de concentration autrichien, celle que j'avais reçue alors que je me trouvais dans le camp de travail à Budapest, renfermait un message impératif : « Prends soin de ta mère ! » À quel dilemme me suis-je trouvé confronté ! D'un côté, je devais partir. Je ne pouvais vivre dans cette atmosphère, parmi ces gens qui nous avaient si brutalement fait comprendre que nous n'étions pas les bienvenus parmi eux. De l'autre, je me devais de prendre soin de ma mère ou de m'assurer qu'on prendrait soin d'elle. Heureusement pour nous deux, il s'est présenté une solution qui nous assurait que l'on s'occuperait d'elle.

Sandor Adam était probablement l'ami le plus proche de mon père. En 1945, il avait 53 ans et n'avait jamais été marié. Olga, son amie de longue date était une « aryenne » qui l'avait caché des nazis. Elle s'était comportée héroïquement durant le siège et avait fait tout ce qui était humainement possible pour l'aider à survivre. Je ne pense pas qu'il s'agissait du genre de relation censée se terminer par un mariage, mais, juste après la guerre, alors que la gratitude de Sandor était encore grande, Olga a souhaité qu'ils se marient et il a accepté. Pourquoi pas ? Ensuite, en avril 1945, la triste nouvelle de la mort de mon père est arrivée et le mariage de Sandor en a souffert. Il a soudain voulu épouser la femme de son meilleur ami décédé et s'occuper d'elle. Ni Sandor, ni ma mère n'avaient de liquidités, mais ma mère avait hérité de deux immeubles résidentiels de sa famille, dont l'un a été cédé à Olga en guise de compensation. Le fait que Sandor veuille bien s'occuper de ma mère a grandement simplifié mon projet de départ. Il a emménagé dans notre appartement peu après mon départ et a épousé ma mère deux ans plus tard, en 1948.

Nous avons reçu confirmation du jour de notre départ au début du mois de février, il était désormais fixé au 20 du même mois. Peter et moi étions très enthousiastes. Si le voyage était faisable et les perspectives d'émigration depuis l'Autriche prometteuses, nous en aviserions Erika et Ocsi qui étaient d'accord pour nous suivre. Geza Szucs, qui les appréciait tous les deux, avait promis de les aider.

Le 20 février est finalement arrivé. Ce jour est devenu l'un des plus importants de ma vie et, huit ans plus tard, c'est à la même date que je me suis marié. J'ai pris mon petit-déjeuner tôt ce matin-là avec ma mère, mon oncle et ma tante et les frères Szucs, après quoi nous nous sommes dit au revoir. Tout le monde m'a souhaité bonne chance et nous sommes partis, pleins d'espoir, pour l'Amérique. Je me suis demandé si je reverrais un jour ma mère et mes compagnons de table. J'ai retrouvé Peter, le reste du groupe de l'*Aliyah* et le responsable du groupe à la gare du sud. Plusieurs compartiments avaient été réservés pour nous. Le responsable a vérifié nos identités à partir de sa liste. Il avait nos tickets et a même fait en sorte que nous ayons un porteur pour déposer nos bagages dans le bon compartiment. Je me rappelle avoir donné au porteur un million de pengős – tout l'argent que j'avais en poche. Le porteur ne m'a même pas dit merci. Je le comprenais. Nous connaissions alors une période de très forte inflation et mon pourboire ne valait rien. Mais c'était tout ce que j'avais.

Le voyage en train jusqu'à Vienne s'est fait sans encombre. Nous avons discuté de nos attentes quant à la vie en Palestine. Le responsable, qui y habitait, nous a assurés que nous entamerions tous notre nouvelle vie par un séjour dans le dortoir d'un kibboutz, mais que, plus tard, nous aurions tous des chambres individuelles. Je me suis demandé combien de personnes dans le groupe écoutaient le responsable décrire la vie en Terre promise tout en formant des projets personnels plus prometteurs.

La traversée de la frontière austro-hongroise n'a posé aucun problème. Nous avons appris plus tard que le responsable avait donné une bouteille de rhum aux gardes-frontière. En échange, ils n'étaient pas venus dans notre compartiment.

Nous avons passé trois ou quatre jours à Vienne, où nous avons été hébergés et nourris à l'hôpital Rothschild. Sept ou huit mois après la guerre, les dégâts étaient encore visibles : des nids-de-poule dans les rues, des immeubles écroulés et des gravats qui n'avaient pas été évacués. Mais, tous les soirs, on jouait un opéra dans le Staatsoper. Bien que Peter et moi n'ayons ni schillings, ni aucune autre devise, nous avons réussi à y entrer un soir pour voir *Les Noces de Figaro* en échange de quelques cigarettes que nous avions reçues à l'hôpital. Lorsque nous avons expliqué à la caissière que nous n'avions pas d'argent mais des cigarettes, elle nous a répondu qu'elles feraient l'affaire.

À l'hôpital, on nous a fourni des documents pour la prochaine étape du voyage. La connaissance qu'avait Peter du judaïsme m'a sauvé. Lorsque, à des fins d'enregistrement, ils m'ont demandé quel était mon nom juif, je n'avais aucune idée de ce qu'ils voulaient dire. Peter m'a dit de répondre : « Dovid ». Lui est devenu Pesach et nous avons continué notre voyage sous nos nouveaux noms.

La traversée de la ligne de démarcation américano-soviétique a été aussi facile que la traversée de la frontière austro-hongroise. Je ne me rappelle pas avoir vu de gardes-frontière soviétiques et nous savions que nous avions passé le dernier obstacle lorsque des soldats américains sont montés à bord du train.

On nous a emmenés dans un monastère à Enns, à quelques kilomètres à l'ouest de Linz. Il s'agissait d'un camp de regroupement pour les *Aliyot* où nous avons attendu le moment où le chemin d'évasion serait sûr. Je pense qu'il y avait plusieurs camps du type de celui d'Enns sur le trajet vers Chypre. Quand l'*Aliyah* réussissait à faire passer des réfugiés sionistes vers la Palestine, les chambres devenues disponibles à Chypre étaient occupées par les personnes du camp précédent et tout le monde avançait d'un cran.

Je ne me rappelle pas avoir passé ne serait-ce qu'une nuit à Enns. Nous avons appelé George Brackley à Bindermichl et il est venu nous chercher pour nous emmener faire une « visite ». Nous ne sommes jamais revenus. Fidèle à sa promesse, George nous a trouvé un logement à Bindermichl et nous a aussi aidés à nous faire enregistrer comme personnes déplacées. J'ai passé environ une semaine à Bindermichl avant d'obtenir un travail de réceptionniste dans un hôtel d'officiers américains. Avoir une chambre à l'hôtel constituait un avantage appréciable de cet emploi. Ceci m'a permis de déménager de Bindermichl qui, bien que convenable et même luxueux comparé à certains des camps dans lesquels j'avais séjourné, n'en demeurait pas moins un camp. Je me rappelle la première soirée passée au travail, lorsqu'une femme officier britannique est venue à la réception et m'a demandé de venir « knock her up » à sept heures du matin. Cette expression très britannique m'était inconnue et signifie « réveiller quelqu'un en frappant à sa porte ». Mais en américain, elle veut dire « mettre enceinte ». Inutile de dire que j'ai été plutôt surpris.

Nous sommes arrivés à Linz aux alentours du 1er mars et, aussitôt installés, nous sommes entrés en communication avec Erika et Ocsi et nous les avons pressés de venir à leur tour. Le service de communications interurbaines était gratuit entre les zones d'occupation américaine. L'Europe grouillait de soldats américains, je pouvais appeler gratuitement de l'hôtel tant que je m'exprimais en anglais. Je me rappelle avoir appelé la maison à Budapest presque toutes les nuits et avoir parlé aux jumeaux en anglais. Le censeur surveillait et dès que quelqu'un s'exprimait en hongrois, la ligne était coupée. Je crois que notre communication se faisait via les Szucs, Erika et Ocsi ne parlant pas très bien anglais à l'époque.

Rejoindre un transport *Aliyah* ne leur a pas pris longtemps et ils sont arrivés au monastère d'Enns le jour de mon anniversaire, le 17 avril 1946. Je me souviens de leur appel téléphonique que j'ai reçu à l'hôtel. Ils m'ont dit qu'ils se trouvaient à Enns depuis deux jours et qu'Ocsi n'en pouvait plus et refusait d'y rester plus longtemps. Il craignait sûrement que, s'ils restaient encore un jour de plus à Enns, il serait envoyé en Palestine contre son gré, ou encore qu'il manquerait le bateau en partance pour l'Amérique. Il s'est avéré que le blocus britannique ralentissait les entrées en Palestine. Nous avons tous dû demeurer à Linz deux ans avant de pouvoir prendre un bateau pour une nouvelle vie non pas aux États-Unis, mais, comme le hasard l'a voulu, au Canada.

Épilogue

Durant la période de temps que Tommy Dick a passée à Linz, il a travaillé pour l'Organisation internationale pour les réfugiés à laquelle il a apporté une aide très précieuse dans les camps de personnes déplacées du fait qu'il parlait couramment anglais, allemand et hongrois. Son ami Peter Fargo et lui ont pris ensemble le bateau pour le Canada en 1948. Au Canada, ils ont commencé par travailler en tant qu'ouvriers sur un barrage hydroélectrique à Stewartville, en Ontario, près d'Ottawa. Ils ont ensuite tous les deux emménagé à Montréal où leurs amis Erika et Ocsi s'étaient installés après leur mariage. Tommy et Peter ont partagé un appartement à Montréal pendant trois ans, jusqu'à ce que Tommy déménage à Vancouver où il a fait la connaissance de sa future épouse, Lilian. Ils sont allés s'installer à Calgary où Tommy a lancé sa propre entreprise de fabrication de fenêtres en aluminium. À l'âge de trente-six ans, Tommy Dick a décidé de s'inscrire en faculté de droit. Il a été admis au barreau à l'âge de quarante-deux ans. Durant les trente années suivantes, Tommy a exercé la profession d'avocat et élevé ses deux filles, Nancy et Susan. Joueur de tennis passionné et doué, Tommy a aussi été un amateur de musique et le grand-père très actif de cinq petits-enfants.

Erika et Ocsi ont vécu à Montréal où ils ont élevé leur famille. Ocsi est mort dans les années 1980.

Peter Fargo s'est marié et sa femme et lui sont allés s'installer à Milwaukee et ont élevé quatre enfants.

Andris Beck et sa femme Eva vivent encore à Budapest.

À propos de sa famille et de ses amis restés en Hongrie après son départ pour le Canada, Tommy Dick a écrit :

En février 1957, après la révolution de 1956 et beaucoup de difficultés et d'incertitudes, ma mère est venue s'installer au Canada accompagnée de Sandor. Du fait de l'importance des dégâts causés par les bombardements, l'espace habitable disponible était devenu rare et le gouvernement qui avait, des années durant, refusé d'accéder à la demande d'autorisation de sortie du territoire de ma mère, a soudain commencé à encourager les personnes âgées à quitter le pays. Cela libérait des logements locatifs de valeur et leur permettait de se débarrasser de personnes qui n'étaient pas un atout économique pour le pays et qui allaient vraisemblablement vider les caisses du système de santé. Ma mère a eu une vie longue et bien remplie. Elle habitait chez elle et avait un petit commerce artisanal de pains et de gâteaux qu'elle vendait essentiellement aux gourmands de la communauté hongroise. Sandor s'est adapté à la vie au Canada aussi bien qu'on pouvait s'y attendre, sachant qu'il avait été transplanté dans le nouveau monde à l'âge de 66 ans. Il est mort d'une crise cardiaque en décembre 1974, à l'âge de 83 ans. Ma mère a continué d'habiter chez elle et de travailler jusqu'à l'âge de 90 ans. Puis elle a vécu avec Lilian et moi durant deux ans et demi avant que des soins médicaux plus intensifs ne deviennent nécessaires. Elle a emménagé dans une maison de retraite tout près de chez nous, où elle a vécu jusqu'à l'âge de 98 ans.

Mon oncle Feri est mort dans les années 1970 et sa femme, Blanka, dans les années 1980. Je n'ai jamais revu mon oncle, mais j'ai rendu visite à Blanka lors de mon unique voyage à Budapest en 1982.

Les jumeaux Szucs ont connu une fin plus tragique. Ils avaient survécu à la guerre, à l'Holocauste et à leur calvaire en camp et étaient tous les deux respectés dans leur travail au sein de différentes œuvres caritatives juives. Vers 1949, au sommet de l'antiaméricanisme stalinien en Hongrie, ils ont appris un après-midi que, du fait de l'implication de Geza dans le Joint Distribution Committee, ils seraient arrêtés le lendemain matin. D'après le mot d'adieu qu'ils ont écrit à leur hôtesse, ma mère, ils en avaient assez. À l'âge de 54 ans, ils étaient trop fatigués pour affronter une nouvelle vague de persécutions. La veille du jour présumé de leur arrestation, ils ont invité leurs plus proches amis à une soirée d'adieux. Lorsque leurs amis sont partis, au milieu de la nuit, ils ont tous les deux avalé du poison et ont aussi empoisonné leur tante célibataire. Elle a été retrouvée morte le lendemain matin, assise dans la chaise de dentiste de mon grand-père. Le poison n'a pas tué les jumeaux et n'a fait que les rendre malades. Durant les premières heures de la matinée, ils se sont traînés jusqu'à notre balcon et se sont jetés par-dessus la balustrade. On les a retrouvés trois étages plus bas, sur le trottoir, morts. Triste fin pour deux personnes honorables et de grande valeur.

Cartes & photographies

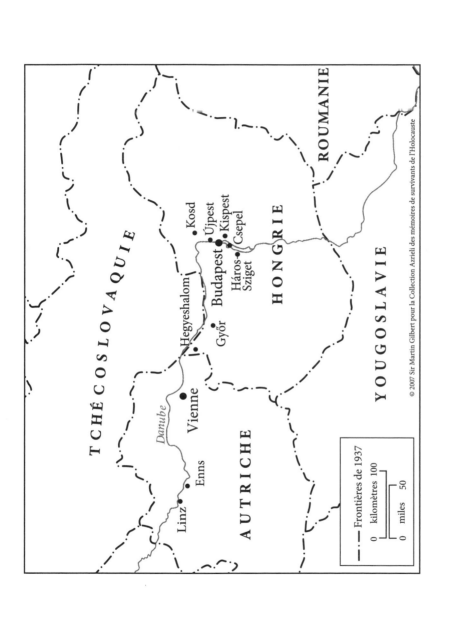

TCHÉCOSLOVAQUIE

ROUMANIE

HONGRIE

YOUGOSLAVIE

AUTRICHE

Kosd

Újpest

Kispest

Budapest

Csepel

Háros-
Sziget

Hegyeshalom

Győr

Danube

Vienne

Enns

Linz

Frontières de 1937

kilomètres 100

0

miles 50

0

© 2007 Sir Martin Gilbert pour la Collection Azrieli des mémoires de survivants de l'Holocauste

1 Tommy Dick, adolescent.

2 Tommy Dick, adolescent, en Autriche.

3 Tommy en Autriche (vers 1947).

1

2

3

4

1 Tommy Dick, travaillant comme agent de terrain de l'Organisation internationale des réfugiés (Autriche, vers 1947).

2 Visite de Clara Dick, la mère de Tommy, à Linz avant le départ pour le Canada.

3 Tommy et Lilian Dick au cours de leur lune de miel (Californie, États-Unis, 1954).

4 Tommy Dick, Ivan Ronec et Peter Fargo, amis d'enfance de Budapest (San Francisco, États-Unis, 1958).

Tommy Dick, diplômé en droit de l'université de l'Alberta (1967).

1

2

1 Andris Beck (avec qui Tommy Dick a été arrêté), Clara (la mère de Tommy),
Tommy et Lilian, sa femme.

2 Quatre-vingt-dixième anniversaire de la mère de Tommy, Clara Dick, en famille
(1988).

Glossaire

agnostique Personne qui croit qu'il est impossible de savoir si
Dieu existe ou non ; ne pas confondre avec un « athée » qui nie
l'existence de Dieu.

Aliyah [mot hébreu : littéralement « ascension » ; plur. *Aliyot*] Terme
utilisé par les Juifs et les Israéliens modernes et qui fait référence
à l'immigration juive vers Israël ; c'est également le terme utilisé
pour décrire la « montée » à l'autel d'une synagogue pour y lire la
Torah.

antisémitisme Préjugés, discriminations, persécutions ou haine à
l'encontre des institutions, de la culture et des symboles juifs.

aryen Terme désignant à l'origine les locuteurs des langues indo-eu-
ropéennes. Dans le contexte des théories raciales nazies, le terme
s'applique aux personnes de « race » nord-européenne. Parfois
utilisé par les nazis pour désigner une personne de sang allemand « pur ». Selon l'idéologie raciale des nazis, un aryen type
était blond, avait les yeux bleus et était grand. L'expression « non
aryen » était utilisée pour désigner les Juifs, les personnes en partie juives et les personnes considérées comme faisant partie de
races prétendument inférieures.

calvinisme Branche de la chrétienté protestante fondée par Jean Cal-
vin (1509–1564). Doctrine théologique stricte qui considère que

tous les êtres humains naissent licencieux et que seule la grâce divine, et non l'Église, peut sauver une personne de l'enfer.

châle de prière [en hébreu : *tallit* ; en yiddish : *tallis*] Vêtement rituel de forme carrée traditionnellement porté par les hommes juifs durant la prière.

Chypre Île et État de la mer Méditerranée. Ancienne colonie britannique à laquelle la Grande-Bretagne a accordé l'indépendance en 1960. Dans les années 1940, on y a installé des camps de détention pour les réfugiés juifs venus d'Europe qui tentaient d'émigrer en Palestine, alors sous mandat britannique. Plus de 50 000 réfugiés juifs ont été internés dans ces camps.

Churchill, Winston (1874–1965) Homme d'État britannique, surtout connu comme premier ministre du Royaume-Uni durant la Deuxième Guerre mondiale. Il a occupé le poste de premier ministre du Royaume-Uni de 1940 à 1945, puis de nouveau de 1951 à 1955. Farouche opposant de la première heure au nazisme, Churchill a entraîné son pays dans la lutte contre l'Allemagne nazie et est devenu un membre-clé du commandement allié, à la fois durant l'effort de guerre, puis durant l'établissement de la paix après-guerre.

Croix gammée [ou Svastika] Croix à quatre branches de taille égale et brisées à angle droit, utilisée à l'origine comme symbole religieux. Récupérée par Hitler comme symbole officiel du parti nazi et du IIIe Reich.

Danube Deuxième plus longue rivière d'Europe, traversant dix pays européens, dont la Hongrie. Source importante en eau potable et axe de transport fluvial pour des millions d'Européens.

Empire austro-hongrois [aussi connu sous le nom de Double Monarchie d'Autriche-Hongrie] État unifié d'Europe centrale se composant d'une double monarchie (de 1867 à 1918) qui a succédé à l'Empire autrichien (1804–1867) et s'étendait sur le même territoire. Le chef de la famille royale des Habsbourg était à la fois empereur d'Autriche et roi de Hongrie. Empire comprenant de multiples nationalités, la Double Monarchie se caractérisait par les nombreuses et constantes querelles politiques et ethniques opposant ses onze groupes nationaux principaux. Dissout à la fin de la Première Guerre mondiale, l'Empire a été divisé en trois pays indépendants, l'Autriche, la Hongrie et la Tchécoslovaquie.

étoile de David [en hébreu : *Magen David*] Étoile à six branches qui est le symbole le plus ancien et le plus caractéristique du judaïsme. Durant la Deuxième Guerre mondiale, les Juifs se trouvant dans les zones occupées par les nazis étaient fréquemment forcés de porter un insigne ou un brassard avec l'étoile de David comme signe distinctif devant caractériser leur statut « inférieur » et visant à les isoler pour en faire les victimes de persécutions.

Exodus Nom d'un navire qui transportait à son bord en 1947 des réfugiés juifs depuis l'Europe en direction de la Palestine alors sous mandat britannique. Lors d'un incident qui a attiré l'attention de l'opinion internationale sur la détresse des Juifs européens qui souhaitaient s'installer en Palestine, les troupes britanniques ont empêché le navire d'accoster et les réfugiés juifs ont été contraints de retourner dans des camps de personnes déplacées en Europe.

Habsbourg Famille royale qui a été à la tête de l'Empire autrichien et des États qui lui ont succédé, dont l'Empire austro-hongrois, durant six siècles, jusqu'en 1918.

Horthy, (amiral) Miklós (1868–1957) Régent de la Hongrie durant la période de l'entre-deux-guerres et durant une grande partie de la Deuxième Guerre mondiale. Il a présidé un gouvernement aligné sur la politique des puissances de l'Axe et qui soutenait l'idéologie nazie. Rendu impuissant après l'occupation de la Hongrie par l'armée allemande en mars 1944, Horthy a tout de même ordonné que soit arrêtée la déportation des Juifs hongrois vers les camps de la mort en juillet 1944. Les Allemands l'ont forcé à abdiquer en octobre 1944.

Joint Distribution Committee [JDC] Organisation humanitaire américaine fondée en 1914 et destinée à aider et à apporter son soutien aux Juifs de par le monde en temps de crise.

judaïsme orthodoxe Ensemble de croyances et de pratiques de certains Juifs pour lesquels l'observation stricte de la loi juive est intimement liée à la foi ; caractérisé par un respect religieux strict des lois relatives au régime alimentaire des Juifs, à l'interdiction de travailler le jour du Sabbath et pendant les fêtes juives, et à une tenue vestimentaire sobre.

Khan, Gengis Personnage historique à la renommée légendaire qui a conquis et unifié les clans nomades de l'ancienne Mongolie et créé l'Empire mongol (1206–1368).

kippa [mot hébreu : *kippah* ; en yiddish : *yarmulke*] Petit couvre-chef porté par les hommes juifs en signe de révérence à Dieu.

Kun, (père) András Moine hongrois de l'ordre des Minorites violemment antisémite, proche du Parti fasciste hongrois des Croix-Fléchées. Connu pour porter le brassard des Croix-Fléchées et un pistolet, en même temps que sa soutane. Impliqué personnellement dans le massacre de patients et de membres du personnel de l'hôpital juif de Budapest en janvier 1945. Accusé de crimes de guerre, il a été exécuté à la fin des hostilités.

Linz Troisième ville d'Autriche par sa population et capitale de l'État de Haute-Autriche (*Oberösterreich*). Le camp de concentration de Mauthausen se situait à environ vingt-cinq kilomètres de la ville.

luthérianisme Branche de la chrétienté protestante adepte des enseignements de son fondateur, Martin Luther, qui a rompu avec l'Église catholique romaine au XVIe siècle. Au nombre des principales différences par rapport au catholicisme figure la croyance que chaque individu a le droit d'atteindre Dieu via les textes sacrés (les Écritures) sans la médiation d'un prêtre et, enfin, que le salut s'acquiert grâce à la seule foi et non au travail ou aux sacrements.

Noces de Figaro, les Célèbre opéra composé par Wolfgang Amadeus Mozart en 1786.

Mein Kampf [mots allemands : « Mon combat »] Titre du livre rédigé en 1925 par Adolf Hitler dans lequel il esquissait l'idéologie politique nazie et ses théories raciales, exposait la manière dont il considérait les Juifs et présentait ses projets pour l'Allemagne. L'ouvrage a connu un grand succès en Allemagne après l'accession de Hitler au pouvoir en 1933. Le livre est aujourd'hui unanimement considéré comme de la propagande raciste.

Nyilas Voir « Parti des Croix-Fléchées ».

Organisation internationale pour les réfugiés Organisation fondée en 1948 par les Nations Unies pour gérer l'abondant flux de réfugiés déclenché par la Deuxième Guerre mondiale. Elle a succédé à l'Administration des Nations Unies pour le Secours et la Reconstruction (UNRRA) et a été remplacée en 1952 par le Bureau du Haut Commissaire pour les réfugiés (aujourd'hui l'Agence des Nations Unies pour les réfugiés).

Parti communiste de Hongrie Fondé d'abord en 1918 puis recréé en 1945, à la suite de la libération puis de l'occupation de la Hongrie par l'Union soviétique. Soutenu à la fois ouvertement et secrètement par l'URSS, le parti jouissait à l'origine aussi du soutien de nombreux Hongrois opposés au gouvernement pro-nazi qui était à la tête de la Hongrie durant la guerre. Il a fusionné avec le Parti social-démocrate en 1948 et a été rebaptisé Parti des travailleurs hongrois. En 1949, il détenait la totalité des pouvoirs en Hongrie.

Parti des Croix-Fléchées [en hongrois : *Nyilaskeresztes Párt – Hungarista Mozgalom* ; abréviation : *Nyilas*] parti fasciste et antisémite pro-allemand fondé en 1935 et dirigé par Ferenc Szálasi. Il a été au pouvoir en Hongrie du 15 octobre 1944 à janvier 1945, période durant laquelle 80 000 Juifs ont été déportés vers les camps de la mort créés par les nazis.

Personnes déplacées Personnes qui se retrouvent sans logement et apatrides après une guerre. Au lendemain de la Deuxième Guerre mondiale, des millions de personnes, pour beaucoup des Juifs européens, se sont retrouvées dans l'impossibilité de rentrer chez elles ou confrontées au fait qu'il pouvait être dangereux de le tenter. Afin de résoudre le problème de ce flux de réfugiés sans précédent, les puissances alliées et l'Administration des Nations Unies pour le Secours et la Reconstruction (UNRRA) ont créé des camps de personnes déplacées destinés à servir de refuges provisoires, à venir en aide aux réfugiés et à les aider à se réinstaller.

razzia [mot d'origine arabe : conquête] Raid de police ou arrestation collective.

Révolution hongroise Révolte spontanée à l'échelle nationale contre le gouvernement communiste hongrois soutenu par les Soviétiques en 1956, conduisant à sa chute et à l'établissement d'un gouvernement réformiste dirigé par le premier ministre Imre Nagy durant une brève période. Réprimée par l'invasion soviétique de novembre 1956 au cours de laquelle des milliers de civils ont été tués.

Rideau de fer Frontière symbolique qui divisait physiquement et idéologiquement l'Europe en deux sphères d'influence distinctes à la fin de la Deuxième Guerre mondiale – l'une, l'Europe de l'Est, était contrôlée politiquement, militairement et économiquement par l'Union Soviétique et l'autre, l'Europe de l'Ouest, était alliée avec les démocraties libérales de l'Ouest, prédisposée économiquement à l'économie de marché et placée sous la protection militaire des États-Unis. Expression forgée par Sir Winston Churchill en 1946.

sionisme Mouvement fondé par le journaliste juif viennois Theodor Herzl qui exposait dans son livre *Der Judenstaat* (l'État juif) de 1896 que la meilleure façon d'éviter l'antisémitisme en Europe était de créer un État juif indépendant sur la terre ancestrale des

Juifs. Théorie politique qui défend l'idée d'une patrie juive indépendante en terre sainte. Croyance à la nécessité de créer un État juif moderne sur le territoire de l'Israël biblique comme patrie pour le peuple juif.

Solution finale [forme abrégée de la « solution finale de la question juive », en allemand : *Die Endlösung der Judenfrage*] Projet nazi visant à l'extermination de tous les Juifs d'Europe.

synagogue de la rue Dohány [aujourd'hui connue sous le nom de « Grande synagogue de Budapest »] Une des plus grandes et des plus importantes synagogues de Budapest et symbole de la nouvelle position sociale des Juifs hongrois au milieu du xixᵉ siècle. À son âge d'or, de nombreuses personnalités importantes fréquentaient cette synagogue ou l'ont visitée, dont Theodor Herzl et Franz Liszt. Bombardée par le parti pro-nazi hongrois des Croix-Fléchées en février 1939. Transformée en camp d'internement à partir duquel les nazis ont envoyé de nombreux Juifs de Budapest à la mort en 1944. Utilisée comme refuge et endommagée lors de raids aériens menés au moment de la libération de Budapest. Plus de 2 000 Juifs morts dans le ghetto de Budapest sont enterrés dans la cour de la synagogue. La restauration de la synagogue a débuté en 1991 et inclut la création de monuments commémorant la mort des Juifs de Budapest et des non-Juifs hongrois qui ont sauvé des Juifs pendant l'Holocauste.

Szálasi, Ferenc Fondateur et chef du Parti fasciste des Croix-Fléchées qui a activement collaboré avec les nazis en Hongrie, notamment dans la persécution et la déportation de Juifs. Reconnu coupable de crimes de guerre, il a été exécuté en 1946.

Traité de Trianon L'un des cinq traités conclus lors de la Conférence de Paris de 1919, organisée par les vainqueurs de la Première Guerre mondiale. Le traité de Trianon imposait des conditions de paix très sévères à la Hongrie, exigeant des réparations, ainsi qu'un nouveau tracé de ses frontières qui faisait perdre à la Hongrie plus des deux tiers de son territoire et environ deux tiers de sa population.

Traité de Versailles L'un des cinq traités conclus lors de la Conférence de Paris de 1919, organisée par les vainqueurs de la Première Guerre mondiale. Le traité de Versailles imposait des conditions de paix très sévères à l'Allemagne, avec des réparations très élevées, des restrictions sur les activités militaires et le réarmement allemands, ainsi qu'un nouveau tracé des frontières de l'Allemagne conduisant à une perte de territoires.

Volksdeutsche [mot allemand] Terme utilisé par les nazis pour faire référence aux personnes de souche allemande qui habitaient dans des pays autres que l'Allemagne. Dans l'idéologie nazie, les *Volksdeutsche* avaient un rôle important à jouer dans le repeuplement des territoires conquis à l'Est avec des Allemands « racialement supérieurs » dans le cadre d'un plus large mouvement pangermanique.

zone d'occupation américaine En Allemagne et en Autriche, l'une des quatre zones créées par les forces d'occupation alliées (les États-Unis, l'URSS, la Grande-Bretagne et la France) en 1945. Les zones d'occupation ont existé en Autriche jusqu'en 1955. Située en Haute-Autriche (*Oberösterreich*), la zone américaine comprenait les villes de Linz et de Salzbourg. Les États-Unis y exerçaient un contrôle administratif, militaire et politique absolu.

Index

Adam, Sandor (beau-père), 45, 46, 52

agnostique, 1. *Voir le glossaire.*

Allemagne, 1, 2, 10, 39

Allemands, 4, 5, 7, 11, 29, 35, 38, 39

Américains, 36, 37, 38

Amérique (Etats-Unis d'), 34, 39, 43, 44, 45, 46, 49

Andris (ami), 8, 13, 14, 20, 21, 23, 27, 36, 52

antisémitisme, 1, 43. *Voir le glossaire.*

armée hongroise, 7, 40, 41

Autriche, 2, 11, 30, 31, 38, 39, 42, 43, 44, 45, 46

Balazs, György, 24

Beck, Mme, 20, 21

Bindermichl (complexe d'habitations), 38, 39, 48

Blanka (tante), 10, 52

Brachfeld, György. *Voir* Brackley, George.

Brackley, George, 38, 39, 43, 48

Budapest, 1, 6, 8–11, 16, 21–23, 29, 30, 35–41, 44, 45, 48, 52

Calgary, 51.

calvinisme, 1. *Voir le glossaire.*

camps de concentration, 6, 35, 38

camps de Personnes Déplacées, 38, 39, 51. *Voir l'entrée* Personnes déplacées *dans le glossaire.*

camps de travail, 7, 12, 27, 30, 40

Canada, 34, 49, 51, 52

Churchill, Winston, 43. *Voir le glossaire.*

Chypre, 48. *Voir le glossaire.*

Club d'aviron, 18, 19, 22, 38

collaborateurs hongrois, 4, 5, 11, 39

Communiste, Parti, 35. *Voir le glossaire.*

communistes, 41, 43

Csepel (île de Budapest), 9

Danube (fleuve), 11, 15–18, 23, 29. *Voir le glossaire.*

Deuxième Guerre mondiale, 3, 7, 8, 10, 11, 23, 33

Dick, Jancsi (frère), 7, 8, 10, 11, 30, 31

Dick, Lilian (épouse), 51, 52

Dick, Nancy (fille), 51

Dick, Susan (fille), 52

Doby, Dr, 24, 28

Enns (monastère), 48, 49

Ère Szálasi, 11, 22, 26, 40

Erika (amie), 11, 14, 20, 21, 23, 24, 27, 28, 36, 44, 46, 48, 49, 51

Farago, Tommy (ami), 8

Fargo, Peter (ami), 8, 37, 43, 51

Fasor, sanatorium, 21–23, 27–29

Feri (oncle), 10, 35, 52

frontière austro-hongroise, 30, 42, 43, 47

Gestapo, 11

Habsbourg, 2. *Voir le glossaire.*

Háros-sziget (île de Budapest), 9

Hitler, 1, 2, 8, 9, 33, 39

Hold, rue, 30, 27, 30

Hongrie, 1–5, 7, 37, 41–44, 52, 53

Hongrois, 1, 2, 5, 33, 52

Horthy, Amiral Miklós (régent de Hongrie), 10, 11. *Voir le glossaire.*

Ipoly, rue, 12, 14

Irgalmas, hôpital, 19, 21, 22

Joint Distribution Committee, 41, 53. *Voir le glossaire.*

Juifs orthodoxes, 9. *Voir l'entrée* judaïsme orthodoxe *dans le* glossaire.

Khan, Genghis, 2. *Voir le glossaire.*

kibboutz, 47

Kispest (quartier de Budapest),8

Kormendi, famille (amis de la famille), 35

Kosd (ville de Hongrie), 8

Kun, (Père) András, 22. *Voir le* glossaire.

Kúria (haute cour hongoise), 9

ligne de démarcation américano-soviétique, 47

Linz (ville d'Autriche), 38, 39, 42, 43, 48, 49. *Voir le glossaire.*

luthérianisme, 1, 3. *Voir le glossaire.*

Margit híd (pont de Budapest), 15

Margit-sziget (île de Budapest), 16

Mein Kampf, 2. *Voir le glossaire.*

Mission militaire américaine, 36

Montréal, 51

Múzeum körút, 28

Nations Unies, 39

nazis, 2, 7, 11, 33, 35, 40, 44, 45

Nyilas, 13–30. *Voir le glossaire.*

Óbuda (quartier de Budapest), 16, 23

Ocsi (ami), 8, 11, 13, 14, 20–23, 36, 44, 46, 48, 49, 51

Olga (amie de Sandor Adam), 45, 46

Ottawa, 51

Palestine, 42, 43, 47–49

Personnes déplacées, 38, 39, 51. *Voir le glossaire.*

Popovic (camarade de classe), 22, 23, 26

prison de la rue Maros, 22

Ritz, hôtel, 22

Rothschild, hôpital, 47

Royal, hôtel, 22

Révolution hongroise, 44, 52. *Voir le glossaire.*

Rideau de fer, 41, 43. *Voir le* glossaire.

Rozsi (tante d'Erika), 12

Schisha, Dr, 9

sionisme, 42, 43, 48. *Voir le glossaire.*

soldats allemands, 3, 4, 21, 29, 31, 40

soldats américains, 36, 37, 38, 47, 48

soldats hongrois, 7, 21, 40

soldats soviétiques, 11, 23, 29, 30, 33, 39, 40, 47

Staatsoper, 47

Staline, 16

Stalingrad, 4, 39

survivants juifs, 30, 31, 33, 35, 38, 40, 41, 43, 44, 52

synagogue de la rue Dohany, 29. *Voir le glossaire.*

Szabadsag ter (place de Budapest), 27

Szálasi, Ferenc, 11, 29, 41. *Voir le glossaire.*

Szenthe, Dr Istvan, 24–28, 36

Szilvassy, Dr, 19, 20

Szucs, József (ami de la famille), 40, 41, 46

Szucs, Geza (ami de la famille), 40–44, 46, 53

Traité de Trianon, 1, 2. *Voir le glossaire.*

Traité de Versailles, 1. *Voir le glossaire.*

Új-Lipótváros (quartier de Budapest), 12

Újpest (quartier de Budapest), 8

Vancouver, 51

Városliget (parc de Budapest), 36

Vienne, 47

Volksdeutsche, 38, 39. *Voir le glossaire.*

zone d'occupation américaine en Autriche, 38, 39, 42, 43, 48. *Voir le glossaire.*

The Azrieli Foundation

La mission de la Fondation Azrieli est d'apporter son soutien à de nombreuses initiatives dans le domaine de l'éducation et de la recherche. La Fondation Azrieli prend une part active à des programmes relevant du domaine des études juives, des études d'architecture, de la recherche scientifique et médicale et des études artistiques. Parmi les initiatives reconnues de la Fondation figurent le Programme des mémoires de survivants de l'Holocauste, qui rassemble, archive et publie les mémoires de survivants canadiens, l'*Azrieli Institute for Educational Empowerment*, un programme innovateur qui apporte un soutien aux adolescents à risques et les aide à rester en milieu scolaire, ainsi que l'*Azrieli Fellows Program*, un programme de bourses d'excellence pour les second et troisième cycles des universités israéliennes. L'ensemble des programmes de la Fondation sont présentement mis en œuvre au Canada, en Israël et aux États-Unis.

Israel and Golda Koschitzky
Centre for Jewish Studies

L'Université York a créé en 1989 le premier centre de recherche interdisciplinaire en études juives au Canada. Au fil des ans, le Centre d'études juives Israel et Golda Koschitzky de l'Université York (cjs) a obtenu une reconnaissance nationale et internationale pour son approche dynamique de l'enseignement et de la recherche. Tout en fournissant un enseignement en profondeur de la culture juive et des études classiques, le Centre comprend aussi une composante résolument moderne et s'intéresse de près à l'étude de la réalité juive canadienne. L'Université York est un pionnier au Canada dans le domaine de l'Holocauste. Le Centre s'investit dans l'étude de l'Holocauste au travers de la recherche, de l'enseignement et de l'engagement communautaire de ses professeurs. Il propose un programme de second cycle en études juives et hébraïques ainsi qu'un programme d'études unique en son genre sur l'Holocauste et le racisme, conçu en collaboration avec le Centre d'études allemandes et européennes, à l'attention des étudiants en éducation canadiens, allemands et polonais.